ZHONGXIAOXUE ZAIXIAN JIAOYU
ZHILIANG BAOZHANG
YU PINGJIA YANJIU

中小学在线教育
质量保障与评价研究

黄德群◎著

浙江工商大學出版社｜杭州
ZHEJIANG GONGSHANG UNIVERSITY PRESS

图书在版编目(CIP)数据

中小学在线教育质量保障与评价研究 / 黄德群著.
—杭州：浙江工商大学出版社，2022.10
ISBN 978-7-5178-5155-4

Ⅰ.①中… Ⅱ.①黄… Ⅲ.①网络教育－教育质量－
质量评价－研究－中小学 Ⅳ.①G632.0

中国版本图书馆 CIP 数据核字(2022)第 192472 号

中小学在线教育质量保障与评价研究
ZHONGXIAOXUE ZAIXIAN JIAOYU ZHILIANG BAOZHANG YU PINGJIA YANJIU
黄德群 著

策划编辑	李相玲
责任编辑	鲁燕青
责任校对	韩新严
封面设计	朱嘉怡
责任印制	包建辉
出版发行	浙江工商大学出版社
	(杭州市教工路 198 号 邮政编码 310012)
	(E-mail:zjgsupress@163.com)
	(网址:http://www.zjgsupress.com)
	电话:0571-88904980,88831806(传真)
排 版	杭州朝曦图文设计有限公司
印 刷	杭州宏雅印刷有限公司
开 本	880mm×1230mm 1/32
印 张	9
字 数	197 千
版 印 次	2022 年 10 月第 1 版 2022 年 10 月第 1 次印刷
书 号	ISBN 978-7-5178-5155-4
定 价	42.00 元

序

疫情是块试金石。2020年，面对突如其来的新型冠状病毒肺炎疫情（简称"新冠疫情"），各大中小学开展大规模在线教育，以落实疫情防控期间"停课不停学"政策。一直游离于正规学校教育之外的在线教育，以非同寻常的方式引起大家的关注。教育信息化基础设施、在线教学平台、在线教育机构等教育公共服务受到了严峻的考验，师生信息素养也受到了前所未有的挑战和考量。新冠疫情下的在线教育是对我国教育信息化建设成果的深刻考验，也是对地方教育行政部门教育治理能力和治理体系现代化的重要检验，必将引导在线教育的进一步发展和教育信息化2.0的深入推进，为实现我国教育现代化和基础教育高质量发展做出应有的贡献。

从《教育信息化十年发展规划（2011—2020年）》重视信息化基础设施建设和互联网应用，到《教育信息化2.0行动计划》注重教育生态的重构和教育系统性变革，再到教育部颁布的《关于推进教育新型基础设施建设构建高质量教育支撑体系的指导意见》《教育信息化中长期发展规划纲要（2021—2035年）》《教育信息化"十四五"规划》等一系列重要规划和政策文件，说明国家支持以教育信息化支撑引领教育现代化，推动教育高质量发展。目前，我国中小学在线教育并没有得到足够的重视和广泛应用，这其中有信息化基础设施不完善、相关制度与管理不健全等原因,但最核心的问题则是在线教育质量。质量本身是一种价值判断,对于在线教育质量保障研究涉及两个层面的问题:一是观念层面的问题,即决定在线教育质量目标、方向、评价等的质量观问题;二是操作层面的问题,即决定在线教育质量保障过程中的重要工作与关键环节等质量保障的要素问题。

本书分为绪论和7个章节。绪论部分主要阐述了在线教育质量保障与评价研究的缘起和研究框架,并对相关概念进行了诠释。7个章节主要包括我国中小学在线教育发展研究综述、中小学在线教育发展变迁、中小学在线教育质量评价原理、中小学在线教育质量评价标准分析、中小学在线教育质量风险防范、中小学在线教育质量评价体系构建、中小学在线教育质量保障机制建设。本书揭示了在线教育质量保障与评价的4个关键性要素:在线教育学习资源、在线教育师资、在线学习支持服务、在线教育管理。书中关于在线教育质量标准分析、在线教育质量风险防范、在线教育评价体系与体制机制建设等章节内容基本围绕这4个因素展开。为了更好发挥在线教育在基础教育高质量发展过程中的优势,以下3个问题仍需深入研究:一是从班级授课到在线教育的基本技术逻辑与教育理论问题;二是在线教育带来的教育生态重构与信息伦理问题;三是"双减"(减轻义务教育阶段学生作业负担和校外培训负担)实施与公共在线教育服务体系建设问题。

目　录
CONTENTS

绪　论

一、在线教育质量保障研究背景

在线教育能否实现教育公平,加快教育现代化进程,满足群众对于优质教育的需求,其关键在于在线教育质量。

(一)研究缘起

1.教育信息化 2.0 行动计划的推进

2010—2019 年,国家教育信息化 1.0 阶段解决了"三通两平台"等信息化基础设施建设问题,有条件的学校也尝试了简单的在线教学,即"翻转课堂"的教学应用。在这个阶段,绝大部分中小学采用的还是原来的班级授课和传统教学模式,校外开展的在线教育主要以一种辅助式教育存在,没有进入中小学正式教育的视野。教育部在党的十九大召开之后印发了《教育信息化 2.0 行动计划》①,这个计划的目的是推进

---

① 教育部:《教育信息化 2.0 行动计划》,2018 年 4 月 18 日,http://www.moe.gov.cn/srcsite/A16/s3342/201804/t20180425_334188.html,2022 年 6 月 5 日。

"互联网＋教育"，达成"三全两高一大"目标，提升"互联网＋教育"应用水平，从实质上推动教育信息化，实现教育现代化。在线教育能够打破时间、地点限制，实现快速传播和规模化学习。运用信息化全面推进教育现代化，可以缩小区域、城乡之间的差异，让偏远、贫困和农村地区共同享有优质教育资源，降低获取资源的门槛，加上利用现代信息技术和"互联网＋教育"的全新教学模式，能够真正实现资源开放共享，深化教育改革，建立高质量、公平的教育系统，提高教育现代化水平，构建全民学习、终身学习的社会氛围。

从国家层面看，在线教育是完善我国教育体系的有效途径，是促进基础教育均衡发展的有力保障。发展在线教育是实现教育现代化的重要环节之一，能满足人民日益增长的教育及资源的需求，有利于实现《中国教育现代化 2035》[①]的目标，引领教育现代化的前进方向，是新时代中国特色社会主义教育发展的新战略，这对于人才强国战略和教育强国战略具有深远影响。在这样的大背景下，研究如何评价和保障中小学在线教育质量非常必要。

2.2020 年新冠疫情引发的大规模在线教学

2020 年初，新冠疫情期间实施的"停课不停学"政策引起了大规模在线教学实践，实现了超常规教育供给，师生面临全新挑战，教育管理面临全新考验。可以这么说，新冠疫情初期实施的大规模在线教学出现了较多问题，好在国家重视，反应迅速，社会各界齐心协力，师生、学

---

① 国务院：《中国教育现代化 2035》，2019 年 2 月 23 日，http://www.moe.gov.cn/jyb_xwfb/s6052/moe_838/201902/t20190223_370857.html，2022 年 6 月 5 日。

校、平台等各方快速经过了技术层面的适应期,过渡到了体验、感想层面的教学有感期和融合提升期,大家慢慢接受了在线教育。虽然在线教学解决了"停课不停学"的难题,但其教学质量一直饱受争议。大家在思考,学校教育还能回到原来的教育形态吗? 在线教育如何回归教育本质? 如何评价和保障在线教育质量?

3.与时俱进的在线教育和学校教育

随着新兴技术的发展和迭代更新,在线教育和学校教育有了新的融合点,特别是人工智能技术应用赋予了在线教育更多的内涵。人工智能从大家陌生的数据层、算法层到了大家能理解的应用层、服务层、人机协同、语音识别与合成、精准判断等技术应用给予了在线教育更多的发展空间,人工智能教师得到关注,正规教育与非正规教育、校内与校外融合在一定程度上改变了教育生态。校内可以开展班级授课(双师)、小组学习、个性化学习、一对一学习;校外可以开展小组学习、个性化学习、一对一学习、项目式学习等。教育生态的变化体现在教与学环境、师生关系、师师关系、生生关系、教学评价、教学结构、学习边界、学校边界等方方面面。

在线教育这种开放性、共享性、远程服务性等特点和全新的教育模式能促进发展全民教育、终身教育和继续教育,同时有利于帮助实现教育的起点、过程和结果公平。但在线教育也是一把双刃剑,处于基础教育阶段的学生在获得资源知识的同时也会面临很多来自互联网的诱惑,而且中小学在线教育目前并没有达到完全普及的程度,还存在不少问题。例如,国家对于中小学在线教育实施规范的法律法规还很有限,在线教育的发展仍然存在不规范的现象,这有可能会加大中小学生的教育水平和差距。因此,研究在线教育质量保障因素与对策,确保中小学在线教育健康有序发展,是促进基础教育均衡发展,进而实现教育公平和基础教育高质量最迫切的要点,在理论和现实方面都具有很大的意义。

(二)研究意义

质量保障是维护在线教育成果、确保在线教育有序健康发展的关键。在线教育质量评价不仅是质量保障的前提,也是质量保障、管理和控制的重要方法。

1.政治价值

在线教育的逐渐普及对于实现教育公平、加快教育现代化进程、完善我国教育体系具有深远的战略性意义。在线教育涉及人数众多,学习群体庞大,如果在线教育不按既定的规则运作,就会发生严重的质量问题,由此涉及的声誉和学生切身利益直接相关的问题都将影响社会稳定。

2.社会价值

在线教育突破了时空界限,能最大限度利用现有技术和信息化环境共享优质资源,扩大优质资源惠及面,保障基础教育资源均衡,解决当前基础教育发展不平衡、不充分的矛盾,满足学习者的个性化学习需求,为终身学习的实现提供可能。2022年3月11日,第十三届全国人民代表大会第五次会议表决通过了关于政府工作报告的决议,在《政府工作报告》中,"发展在线教育"首次被写入政府工作任务。

3.应用价值

在线教育以互联网为传播媒介,互联网本身具有开放、共享的属性,可以扩大优质资源的覆盖面,即便是身处农村或者贫困地区的学生仍然可以接受到优质教育,促进区域、城乡间的基础教育资源均衡。实现教育公平最根本的就是解决教育资源匮乏和分配不均的问题。一二线城市的教育资源明显比三四线城市高很多,利用在线教育有助于真正实现优质教育资源共享,解决教育公平问题。从制约教育公平的根本性问题上来看,在线教育是实现教育公平的重要手段,其前提是在线教育质量有所保障。

二、在线教育质量保障研究框架

(一)研究内容

本书主要包括我国中小学在线教育发展研究综述、中小学在线教育发展变迁、中小学在线教育质量评价原理、中小学在线教育质量评价标准分析、中小学在线教育质量风险防范、中小学在线教育质量评价体系构建、中小学在线教育质量保障机制建设 7 个章节(见图 0-1)。

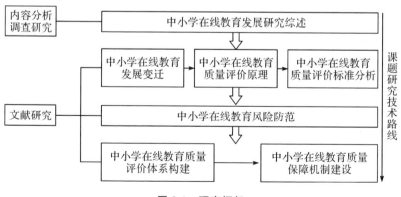

图 0-1 研究框架

第一章是我国中小学在线教育发展研究综述。本章主要通过内容分析和调查研究,梳理近十年中小学在线教育的发展情况与发展特点,以及粤北地区在新冠疫情防控和"双减"①实施期间在线教育实施的现状和存在的不足,将理论研究与实践分析结合起来,针对性提出发展在线教育、创新推动教育资源均衡配置的政策建议。

第二章是中小学在线教育发展变迁。本章主要通过文献研究梳理中美两国中小学在线教育的发展历史和发展特点,分析我国中小学在线教育的发展现状与发展趋势,提出我国中小学在线教育健康发展策略。

第三章是中小学在线教育质量评价原理。本章主要探讨基础教育阶段在线教育的质量观、质量保障内涵和在线教育的基本理论基础,分析中美两国中小学在线教育的模式和在线教育的运营,以及在线教育质量评价的环节和要素,为在线教育质量评价体系构建和质量保障机制建设提供理论支撑。

第四章是中小学在线教育质量评价标准分析。本章主要对比分析中美两国中小学在线教育发展历程中制定的相关在线教育质量评价标准,论述两国在线教育质量评价标准中评价指标核心观测点、技术服务对象和教学团队建设等方面的差异,指出我国中小学在线教育质量评价标准的制定需重视在线教育评价导向、学习者需求、多方协同支持和

---

① "双减"指要有效减轻义务教育阶段学生过重作业负担和校外培训负担。2021 年 7 月 24 日,中共中央办公厅、国务院办公厅印发《关于进一步减轻义务教育阶段学生作业负担和校外培训负担的意见》。

中小学教师专业发展等关键性指标。

第五章是中小学在线教育质量风险防范。在线教育质量风险包含内源性风险、外源性风险和综合性风险三大类。其中内源性风险有教育管理风险、教育评价风险和信息素养风险;外源性风险主要表现为公平风险、资源风险、行业风险和监管风险;综合性风险主要涉及运营风险、技术风险和决策风险,建议从风险点的控制、风险责任主体的落实、在线教育管理机制建设等层面考虑在线教育质量风险防范与治理。

第六章是中小学在线教育质量评价体系构建。本章在阐明在线教育质量评价体系构建原则和构建因素的基础上,借鉴美国《QM 标准》和《在线学习质量国家标准》(*National Standards for Quality Online Learning*),重点构建在线教育项目评价指标体系、在线教育资源评价指标体系和在线教育师资评价指标体系等保障在线教育质量的三大类评价指标体系。

第七章是中小学在线教育质量保障机制建设。本章主要论述在线教育质量保障与评价关键要素,并借鉴美国 K-12 在线教育质量保障做法,提出我国中小学在线教育质量保障机制建设主要包括在线教育行政管理机制、在线教育师资储备机制、在线教育资源供给机制和在线教育质量评估机制。

(二)研究方法

1. 文献研究

本书在文献分析方面,使用的资料主要来源于著作、期刊论文、硕博士学位论文、网络文献(主要是政府颁布的政策法规)等。通过搜索、筛选和归纳与研究主题有关并具有研究价值的文献资料,重点参考了《电化教育研究》《中国电化教育》《中国远程教育》《开放教育研究》《现代教育技术》《远程教育杂志》《现代远距离教育》《现代远程教育研究》《中国教育信息化》《教育研究》等 10 种核心期刊与专业类期刊上的相关文献,以及政府颁布的《关于推进教育新型基础设施建设构建高质量教育支撑体系的指导意见》[①]《关于大力加强中小学线上教育教学资源建设与应用的意见》《关于加强"三个课堂"应用的指导意见》《关于促进在线教育健康发展的指导意见》等 25 个关键性政策文件。通过文献研究与内容分析,对中小学在线教育研究现状、中小学在线教育发展历史、在线教育评价原理和评价标准等进行了系统梳理。

2.调查研究

考虑到在线教育对于欠发达地区具有更重要的意义,特别是中共中央办公厅、国务院办公厅于 2021 年发布《关于进一步减轻义务教育阶段学生作业负担和校外培训负担的意见》之后在线教育能否助力"双减"有效落地,本书在文献研究的基础上,通过问卷调查与访谈了解新冠疫情前后粤北地区中小学在线教育的开展情况和存在问题,以及"双减"实施后中小学对于在线教育服务的需求及面临的困难。

三、相关概念界定

研究涉及远程教育和现代远程教育、网络教育和在线教育、教育质

---

① 教育部:《关于推进教育新型基础设施建设构建高质量教育支撑体系的指导意见》,2021 年 7 月 8 日,http://www.moe.gov.cn/srcsite/A16/s3342/202107/t20210720_545783.html,2022 年 6 月 5 日。

量和在线教育质量、质量保障和质量评价等概念,本书对这些易混淆的概念进行界定,同时从不同技术哲学视角对研究中的核心概念"在线教育"进行梳理和分析。

(一)远程教育与现代远程教育

1. 远程教育

狭义的远程教育是指由特定的教育组织机构,综合应用一定社会时期的技术,收集、设计、开发和利用各种教育资源,构建教育环境,并基于一定社会时期的技术、教育资源和教育环境为学生提供教育服务,以及出于教学和社会化的目的进而为学生组织一些集体会议、交流活动(以传统面对面方式或者以现代电子方式进行),以帮助和促进学生远程学习为目的的所有实践活动的总称。在所有活动中,教师是以教育资源的形式或学习帮促者的身份与学生保持着一种准永久性分离的状态;而学生与教育组织机构(教师)或学生与学生之间将通过建立双向或多向通信机制保持即时会话。广义的远程教育是指学生与教师、学生与教育组织之间主要采取多种媒体方式进行系统教学和通信联系的教育形式,是将课程传送给校园外的一处或多处学生的教育。早期的远程教育更多的是学历教育。

2. 现代远程教育

现代远程教育则是指通过音频、视频(直播或录像),以及包括实时和非实时在内的计算机技术把课程传送到校园外的教育。现代远程教育是随着现代信息技术的发展而产生的一种新型教育方式。计算机技术、多媒体技术、通信技术的发展,特别是互联网的迅猛发展,使远程教育的手段有了质的飞跃,成为高新技术条件下的远程教育。现代远程教育是以现代远程教育手段为主,兼容面授、函授和自学等传统教学形式,多种媒体优化组合的教育方式。

现代远程教育可以有效地发挥远程教育的特点,是一种相对于面授教育,师生分离、非面对面组织的教学活动,它是一种跨学校、跨地区的教育体制和教学模式,它的特点是:学生与教师分离;采用特定的传输系统和传播媒体进行教学;信息的传输方式多种多样;学习的场所和形式灵活多变。与面授教育相比,远程教育的优势在于它可以突破时空的限制,提供更多的学习机会,扩大教学规模,提高教学质量,降低教学的成本。

(二)网络教育与在线教育

1. 网络教育

网络教育指的是在网络环境下,以现代教育思想和学习理论为指导,充分发挥网络的各种教育功能和丰富的网络教育资源优势,向受教育者和学习者提供一种网络教和学的环境,传递数字化内容,开展以学习者为中心的非面授教育活动。网络教育是远程教育的现代化表现,是一种同时异地或异时异地进行教育的形式。网络教育是现代信息技术应用于教育后产生的新概念,即运用网络远程技术与环境开展的教育,也称为"现代远程教育"或"网络远程教育"。

2. 在线教育

在线教育是远程教育的一种形式,是远程教育被注入网络技术之后进化了的教育模式,是指通过信息和互联网技术进行教育和学习的方式方法。它跟传统的以人际直接互动为主要形式的面授教学在本质上有所不同,它是一种师生时空相对分离,基于媒介的教育教学实践。在教育领域中,在线教育和现代远程教育 2 个名词经常被教育者和研究者同等使用。在线教育在继承了之前远程教育的定义、特点和概念的同时,又具备了网络技术赋予的新的属性和特色。相比之前的远程教育,在线教育得益于网络技术的开放和便利,互联网的发展带动了在线教育的发展。计算机和互联网发展的程度,也决定了在线教育的成熟度和教育形式。与在线教育内涵类似的名词或提法主要有数字化学习(digital learning)、在线教学和在线学习(E-learning 或 online learning)。

（三）教育质量与在线教育质量

1.教育质量

在顾明远所著的《教育大辞典》中,教育质量是指教育水平高低和效果优劣的程度,是对于某一客体是否满足特定主体需要及其程度所做出的肯定性价值判断。最终体现在培养对象的质量上,衡量的标准是教育目的和各级各类学校的培养目标。教育目的规定了受培养者的一般质量要求,也是教育的根本质量要求;培养目标规定了受培养者的具体质量要求,是衡量人才是否合格的质量规格。教育质量主要受以下因素影响:教育制度、教学计划、教学内容、教学方法、教学组织形式和教学过程等的合理程度;教师的素养、学生的基础,以及师生参与教育活动的积极程度。

2.在线教育质量

在线教育质量是教育质量的属概念,与普通教育质量具有一定的共性。教育质量的内涵与界定在一定程度上适用于在线教育质量。在线教育质量就是指在线教育的固有特性满足其相关利益者需要的程度,这里的相关利益者包含多种含义,可以是在线教育的对象——学习者,也可以是在线教育机构——在线教育提供者,还可以是在线教育的服务对象——政府与社会。

(四)质量保障与质量评价

1.质量保障

质量保障是指为了维护和提高教育质量,由特定的组织依据一套质量评估指标体系,按照一定的过程和程序,对教育质量进行控制、审核和评估,并向学生和社会相关人士保障教育的质量,提供有关教育质量的信息。质量保障的基本理念和出发点是对学生和社会负责,保持和提高学校的教育质量水平,促进教育整体发展。质量保障可从2个方面理解:一是教育质量保障的目的在于促进质量保持与提高,并向在线教育利益相关者提供质量证据,证明在线教育产品与服务等值得依赖,增加他们对教育质量的信心;二是为了达到上述目的,必须要有一系列特定的政策与措施,如设立质量保障机构、制定质量评价标准、确立评估方法与程序、构建教育质量保障的体制机制等。

2.质量评价

在教育领域,质量评价会涉及教育质量评价(evaluation of educational quality)和教学质量评价(evaluation of teaching quality)2个概念。教育质量评价是教育测量学的基本内容之一,主要指对教育质量和教育职能(管理)的评价。教学质量评价是指对教师的学术业务水平、教学方法、教学态度等进行评价。本书中,宏观层面的质量评价指的是教育质量评价,微观层面的质量评价主要指教学质量评价。

(五)技术哲学视角下的在线教育

在线教育的发展与技术密切相关,在线教育是一种教育技术,具有技术的本质属性(技术的本质观),即技术工具论、技术知识论、技术过程与活动论、技术本体论。技术工具论认为技术的本质就是工具和手段,人在其中扮演着较为主动的角色,控制着技术,借助技术去达到自己的目的。技术知识论认为技术是知识。技术知识论与技术工具论的区别在于,技术知识论认为技术是抽象的工具,而不是实体的。技术过程与活动论认为技术是一种行动和活动过程的一系列活动本身,技术问题不是认识问题,而是实践问题,虽然实践离不开认识,但是不能把它归结为认识。技术本体论是指针对技术对于社会的存在进行本质分析后得到一系列的理论,海德格尔(Heidegger)、伯格曼(Bergmann)、马克思(Marx)、苏伯格(Feenboyg)等人对技术本质进行分析后得出一系列关于技术本质的观点。个同技术观下对于在线教育有不同的理解,对于在线教育健康发展起到一定的指导作用。

1.海德格尔:关注在线教育的潜在危机

海德格尔认为技术是威胁着人类的,技术会把人推到巨大的危险当中。借鉴海德格尔的思想,对待在线教育的态度应该是以人为本,虽然我们能够使用在线这样的方式进行教育,但是我们也可以随时离开在线的方式,进行传统的教育。我们在享受在线教育带来的知识共享、低成本和灵活性的同时,不应该依赖于在线的方式而失去面对面授课与听课,以及交流的能力,不应该因为在线教育这种技术的飞速发展而忘记了自身的存在,不应该让这种技术遮蔽了人本身。面对技术,没有必要全盘否定,而应该接受技术并警惕技术可能带来的潜在危机。要认识到危机性的存在,以防止技术对人的控制。按照海德格尔的观点,面对在线教育,我们不应该排斥,也不应该沉迷于它而忘却自身,应该认识到在线教育这种新兴的教育技术潜在的危机,对此进行沉思并防止它带来不良影响以致控制人自身。

2.伯格曼:关注在线教育与传统教育的共性

伯格曼认为技术会使人丧失"焦点物"。按照伯格曼的观点,我们对在线教育进行反思的时候,不应该让在线教育这种新兴的技术成为教育中的"装置"。它的出现不应该让我们忘记在原本美好的传统教育过程中师生之间、生生之间的交流,不应该让教师和学生失去教室这个"焦点物",失去面对面上课这种"焦点事件"。在线教育的过程中,技术有没有成为"装置"?是否让我们受到它的支配?我们是否失去了本该关注的"焦点"?这些都是我们需要借助伯格曼的视角来思考的问题。教育真正的目的到底是记住公式,还是要以"让人真正成为人"为终极目的呢?教育真正的核心问题,是"人"的问题。既然是围绕"人"进行的教育,那么关于教育的技术,不应该失去"人"这个重心。在在线教育这种新兴的技术即"装置"的诱惑下,我们有没有失去"以人为中心"的教育,这是要重新反思的问题。

3.马克思:关注在线教育的内在价值

马克思认为技术的本质是人的本质的体现,为了不受技术的支配,需要最大程度发挥人的能动性来掌控技术。那么按照这个思路,在线教育背后的技术，就是"人在认识和改造教育过程中人的本质力量的体现"。在这样的理解下，在线教育的本质既不是工具也不是手段，而是人的本质力量在教育当中的体现。在这样的观念下，在线教育背后的技术超越了技术作为工具的简单属性，变成了一种能够促进人发展的、具有内在价值的某种力量。马克思说："人是万物的尺度。"从这个角度看待在线教育，若要衡量在线教育好还是坏，必须要以"人的发展"为衡量尺度。关于在线教育的设计要思考如下问题：教育的过程有没有提升教师和学生作为人的尊严；有没有真正促进人自由全面的发展；学生的智力、体质、道德思想和交流能力有没有被培养；在线教育关注人的程度到底有多少；在线教育这种新的教育方式有没有把人物化；有没有失去把学生、教师当作人对待的根本原则。在线教育这种新兴的教育方式，作为一种新的教育技术，它的价值要以"人的发展"为前提去衡量，要以"人的发展"为目标去设计，以"人"为核心去应用。

4.芬伯格：关注在线教育的社会性

芬伯格认为要想让技术发展多元化，就需要从设计入手，这样技术才能带来真正的多元的价值，能够服务于群体，能够服务于人民。在芬伯格看来，技术不仅仅是技术本身，它更是一种社会构建出来的存在。他认为技术真正起决定作用的，或者说技术真正存在的危机在于人如何去设计它。按照芬伯格的观点，技术更多的是社会和文化的产物，那么在线教育这样的方式本身在技术作为工具层面上不存在好坏，决定在线教育价值好坏的是人们如何使用它，衡量标准在于"在线教育到底有没有做到真正让每一个老百姓受益"。

综上所述，从媒介技术的角度出发，可以从以下 2 个方面理解技术哲学视角下的在线教育:第一,在线教育是互联网技术媒介上的行为,网络影响人们获取信息、思考理解、学习交流等的习惯,对于社会与学校而言,在线教育反映的不只是网络传播的教学内容,更多的是网络应用开创的全新学习方式,以及由此带来的教育管理变化;第二,在线教育推动教育的重组与革新,这个重组与革新涉及教育过程、教育参与者和教育评价等多个方面,教育内容与形式作为统一体处于动态变化中,人的全面发展作为一个衡量指标。

(六)在线教育应用领域

1. 职业教育领域

成人是在线职业教育的主要群体,他们以考取证书、增强工作技能为目的,在获取学历、求职、考证、技能提升等场景中的学习需求更为强烈。职业教育领域的在线教育凸显全民性特点,符合"时时能学、处处可学、人人皆学"理念。目前主要有知金教育、学慧网、弘智教育、学梯教育和中公教育等线上教学平台。

2. 高校教育领域

高等教育领域的在线教育主要为大学生人群服务,提供与课程学习、资质类考试、考研考试等相关的内容,主要有超星、智慧树和中国大学 MOOC 等线上教学平台。

3. K-12 领域

K-12 领域在线教育是指基础教育阶段的在线教育,在符合国家"双减"政策要求下,为中小学学生提供课程辅导,辅导内容主要为课本知识、考试大纲、课外习题等,主要有新东方、学而思、猿辅导、松鼠 AI

和一起作业等线上教育平台。应用场景主要集中在在线辅导、在线题库和作业答疑等方面。在线辅导通过在线授课和在线讲解的方式,突破时空限制,使学生可以重复学习录播课程加以巩固,并通过在线答疑,及时在非在校时段解决问题。同时,低年龄段学生的家长陪读由于在线模式的存在,也不再成为难事。在线题库是以题库类产品作为刷题切入,让学生进行大量练习,并提供练习反馈。K-12领域在线教育刚需性强,但由于学习者普遍学习压力大,学习时间紧张,学校、家长和学生对在线教育的效果持谨慎态度,K-12领域在线教育发展早期占比不高,但发展后期将成为未来在线教育市场的必争之地。自2012年起,K-12领域在线教育基本保持增长状态。

4.幼教领域

学前在线教育主要为0—6岁婴幼儿提供亲子教育、学前培训等课程,以益智类、语言类和读物类内容为主。学前在线教育应用目前处于早期阶段,现主要有母婴社区、在线内容平台、家园互动平台和早教o2o平台等。母婴社区平台代表有妈妈网、宝宝树等;在线内容平台代表有贝瓦、宝宝巴士等;家园互动平台代表有智慧树、慧沃等;早教o2o平台代表有小海豚等。

5.外语学习领域

外语学习领域包括日常口语交流、语言证书考试和商务英语等课程,主要为提高语言技能、出国留学、出国旅游的人群服务,如51Talk、有道、英语流利说等一批在线教育平台。对于语言类教育,在线教育的普及较好地解决了教育资源不平衡、地域性优秀师资缺乏等教育不公平问题,在线语言类教育机构可以聘请大量外籍教师,外籍教师无须离开自己的国家就可以开展在线教学。沪江网校是国内语言培训领域的龙头企业,其网站上提供多种语言培训的录播课程,包括英语备考、英语口语提升、英语综合能力培养,以及日语、韩语、法语、德语、西语、泰语等多语种入门辅导及备考。沪江网校根据用户的学习程度,提供不同难度的课程,并针对生活和工作中的具体场景,为客户提供较为实用的语言提升服务。新高考英语听力阅读比重增加,带来在线英语直播刚需。新高考改革对外语应用能力的要求使得英语听说能力成为应试刚需,为英语听说提供便捷的应用场景,为学生创造英语母语环境的英语在线直播课程成为趋势。

6.社会性学习领域

社会性学习领域主要指兴趣艺术类教育,提供音乐、美术、书法、舞蹈和武术等各类在线兴趣课程,以满足各地区各年龄段兴趣艺术类学习需求,实现普及化、个性化教育。目前有编程猫、美术宝和VIP陪练等艺体类教育平台。

第一章　综述：
我国中小学在线教育发展研究

第一节　我国中小学在线教育研究现状与反思

《教育信息化十年发展规划(2011—2020 年)》明确提出,基础教育信息化是提高国民信息素养的基石,是教育信息化的重中之重,要求充分发挥现代信息技术的独特优势,缩小基础教育数字鸿沟,提升信息技术与教育融合发展水平,促进优质教育资源共享,创新教学方式与教育模式,最终促进义务教育均衡发展。在线教育作为教育信息化的一个体现,可在一定层面反映教育信息化十年建设成效。本节主要通过内容分析法梳理教育信息化 1.0 期间我国中小学在线教育研究情况,为在线教育的进一步发展和教育信息化 2.0 行动计划的推进提供一些参考。

一、中小学在线教育研究现状

(一)从研究文献分布看中小学在线教育研究变化

鉴于与在线教育含义类似的表述较多,在中国知网(CNKI)文献数据库以在线教育、在线教学、网络教育、停课不停学、在线学习、翻转课堂、在线课程、远程教育、微课、混合式学习等为主题词检索 2011 年 1 月至 2021 年 12 月发表在中文核心期刊、SCI、EI、CSSCI、CSCD 等相关期刊上的有关中小学在线教育研究方面的期刊文献,检索结果共 580 篇。利用可视化工具 VOSviewer 对检索出的文献作者和机构等信息进行提取,生成作者合作图谱和机构合作图谱,并对高频关键词进行热点分析。VOSviewer 图谱工具可以分析文献的共引和共现数据信息,故其导出的文献计量图谱可用于分析研究热点。在图谱中,相同颜色代表同一聚类;节点大小反映的是关键词出现频次的多少,节点越大,则代表出现的频次越多;节点间的距离和连线的多寡表示关键词之间的密切程度。

1.研究文献发表变化趋势

检索出来的 580 篇文献按时间维度分布如图 1-1 所示。从中小学在线教育研究文献分布图可以看出,国内学者发表中小学在线教育相关研究方面的文章数量呈递增趋势,由此可以得出,我国对在线教育的重视程度也在逐步递增的过程中。在 2020 年,中小学在线教育相关研究文章数量发生了剧增,是因为这一年在新冠疫情的影响下,全国开展了覆盖面高达 2 亿中小学生的超大规模在线学习,使在线学习从个别化参与走向全员参与,在线教育由教学辅助上升到主要教学方式。但是，大规模在线教育也暴露出许多问题，由此许多学者开始进一步探索在线教育的优劣及影响因素，寻找更适合中小学的在线教学模式。2021年在线教育相关研究文章还是较多，但相比2020年发文量有所下降，可见学者对于中小学在线教育的关注度发生了变化。

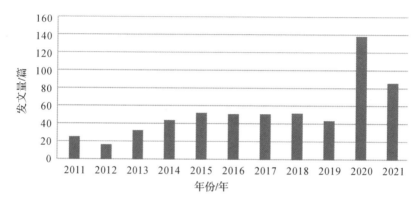

图 1-1　中小学在线教育研究文献分布图

2. 作者分布与合作网络

将作者姓名作为网络节点，其中发文量在1篇以上的作者之间形成合作知识图谱（见图 1-2），共得到11个聚类结果。由作者合作关系图可以看出，发文量较多的作者是来自北京师范大学研究团队的陈丽和郑勤华、来自华中师范大学研究团队的王继新、来自浙江师范大学的陈实、来自陕西师范大学的王志军和李彤彤，以及来自中国电化教育馆的赵宏等，各聚类的内部成员之间合作相对紧密，不同聚类之间的合作不多。

图 1-2　作者合作关系图

在 580 篇文献作者所在的机构中,发文量在 3 篇以上的机构形成机构合作知识图谱(见图 1-3)。由作者机构合作分布图可知,有合作关系的机构聚类主要有 10 个,分别是:北京师范大学、华中师范大学、华东师范大学、西北师范大学、华南师范大学、河南师范大学、浙江师范大学 7 所师范高校;西南大学、清华大学 2 所综合高校;中央电化教育馆。各聚类内部机构间合作相对紧密,不同聚类机构之间的合作相对较少。可见,北京师范大学、华东师范大学、华中师范大学等师范高校是中小学在线教育研究的主力军,不同类别、地区机构之间联系与交流不多。

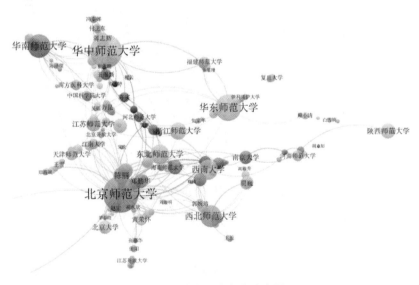

图 1-3 作者机构合作分布图

3.关键词聚类分析

对 580 篇文献中出现频次不少于 10 次的关键词进行聚类分析,得到关键词聚类图谱(见图 1-4)。由关键词聚类图谱可以看出,中小学在线教育研究的关键词分别为在线教育、在线学习、在线教学、翻转课堂、远程教育、远程学习、在线课程等，可见研究主题相对比较集中。其中"翻转课堂"这一关键词突显度与在线教育、在线学习相当。"翻转课堂"因萨尔曼·可汗（Salman Khan）的 TED 报告《用视频重新创造教育》而为人所熟知，其最早出现在 2012 年的《远程教育杂志》期刊上。"翻转课堂"体现的是与传统的"老师白天在教室上课，学生晚上回家做作业"的方式正好相反的课堂教学模式，该词一出现，就引来一波研究热潮。

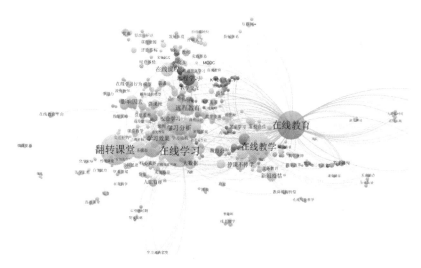

图 1-4　关键词聚类图谱

4. 文献期刊来源分析

从文献期刊来源分布来看，580 篇文献中有 370 篇文献主要来源于《中国电化教育》《电化教育研究》《现代教育技术》《中国远程教育》《开放教育研究》《现代远距离教育》等教育技术类专业核心期刊（见图1-5）。

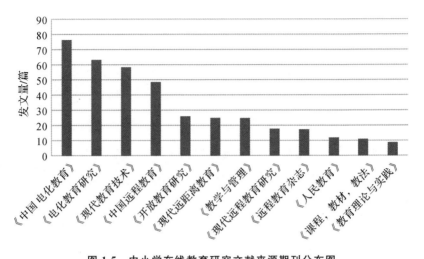

图 1-5 中小学在线教育研究文献来源期刊分布图

（二）从类别纬度看中小学在线教育研究侧重点

从中小学在线教育研究文献来源期刊分布图中选取文献量分布最多的 10 个核心期刊，即《中国电化教育》《电化教育研究》《现代教育技术》《中国远程教育》《开放教育研究》《现代远距离教育》《教学与管理》《现代远程教育研究》《远程教育杂志》《人民教育》等期刊上发表的 370 篇文献作为内容分析的研究样本（见表 1-1）。《人民教育》是教育部主办的全国性、综合性的教育刊物，是教育部从思想、政策、业务上指导全国教育工作的重要舆论工具。从表 1-1 中可以看出，在 2020 年之前，《人民教育》期刊没有刊发过有关在线教育研究方面的文章，2020 年突然刊发了 9 篇在线教育研究方面的文章，这几篇文章主要从宏观层面探讨在线教育与学校变革、在线教育与中国教育未来、在线教育与教育生态等，这从一个侧面说明由新冠疫情引发的中小学在线教育引起了教育部门的重视。

表 1-1　内容分析样本

单位：篇

样本刊物	2011	2012	2013	2014	2015	2016	2017	2018	2019	2020	2021	小计
《中国电化教育》	6	1	1	7	10	4	4	6	3	22	13	77
《电化教育研究》	1	4	6	4	6	6	4	10	4	10	9	64
《现代教育技术》	0	3	4	8	4	6	5	5	5	12	7	59
《中国远程教育》	4	2	3	1	4	5	10	4	5	3	8	49
《开放教育研究》	1	1	2	1	1	1	3	2	2	5	7	26
《现代远距离教育》	3	1	3	0	1	3	2	1	2	4	5	25
《教学与管理》	1	0	2	1	7	0	1	3	1	9	0	25
《现代远程教育研究》	0	1	0	1	1	0	3	2	3	3	4	18
《远程教育杂志》	2	1	3	2	1	4	0	1	0	2	1	17
《人民教育》	0	0	0	0	0	0	0	0	0	9	1	10
合计	18	14	24	25	35	29	32	34	25	79	55	370

　　对中小学在线教育的研究可分成理论研究、应用研究、教学模式研究、资源开发研究、教学评价研究、信息素养研究、教学治理研究、空间建设研究及其他研究，其中理论研究主要是指对中小学在线教育及相

关概念、内涵和价值界定,以及在线教育教学理论、学习理论等方面的研究;应用研究主要是指在线教育在学校、学科方面的应用研究,以及在线学习的学习行为、学习效果和影响因素等方面的研究;教学模式研究主要是指在线教育模式、在线教学模式、在线学习模式等方面的教与学研究;资源开发研究主要是指在线教育资源、在线学习资源、在线课程,以及在线学习平台等资源建设与开发方面的研究;教学评价研究主要是指在线教学评价、在线学习评价等方面的研究;信息素养研究主要是指开展在线教育时师生、管理者等相关人员的信息素养现状、问题、对策的研究;教育治理研究主要是指在线教育管理方面的研究。根据类目界定,对内容分析样本进一步归类得出有关中小学在线教育研究的内容分析类目表(见表 1-2)。

表 1-2　内容分析类目表

单位:篇

类目	2011	2012	2013	2014	2015	2016	2017	2018	2019	2020	2021	小计	比例/%
应用研究	5	5	8	4	19	9	16	15	11	17	11	120	32.4
理论研究	3	1	4	6	5	7	4	3	5	13	8	59	16.0
教育治理	2	1	2	1	2	0	1	2	1	27	15	54	14.6
教学模式	1	1	7	15	1	6	2	5	2	5	5	54	14.6
资源开发	4	3	0	1	2	4	4	4	4	5	3	34	9.2
信息素养	2	2	1	0	0	0	1	0	2	5	7	20	5.4

续　表

类目	2011	2012	2013	2014	2015	2016	2017	2018	2019	2020	2021	小计	比例/%
教学评价	1	1	1	1	1	2	3	5	0	0	1	16	4.3
空间建设	0	0	1	0	0	2	0	1	1	0	4	9	2.4
其他研究	0	0	0	0	1	0	1	0	0	1	1	4	1.1
合计	18	24	24	28	35	30	32	35	26	73	55	370	100

1.侧重在线教育应用研究,同时兼顾理论研究、治理研究与模式研究

从表 1-2 中可以看出,近 10 年来,中小学在线教育应用研究方面的文献量最多,占总文献量的 32.4％;其次是关于中小学在线教育的理论研究、教育治理研究、教学模式研究,占比分别为 16.0％、14.6％、14.6％;关于在线教育资源开发、师生信息素养、在线教学评价和网络学习空间建设的研究文献相对较少,占比依次是 9.2％、5.4％、4.3％、2.4％(见图 1-6)。

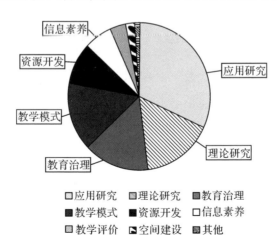

图 1-6　在线教育研究类目分布图

如中小学在线教育应用研究、理论研究、教育治理研究、教学模式研究文献变化趋势图所示(见图 1-7),应用研究方面的发文数量总体上呈现波浪形趋势(有些反复,总体平稳且略有上升),2015 年发文量最多,多数是微课资源的应用和在线学习效果研究方面的文章。模式研究文献量变化总体平衡,2014 年有个文献量高峰,内容侧重于翻转课堂模式研究,这与应用研究中 2015 年文献量高峰点有契合。

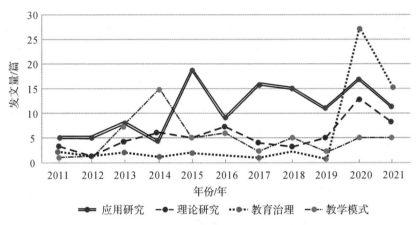

图 1-7 应用研究、理论研究、教育治理研究、教学模式研究文献变化趋势

回顾教育信息化相关政策发现,教育部教育管理信息中心于 2012 年开始启动一年一度的全国中小学教师微课竞赛,教育部于 2014 年发布了《关于开展 2014 年度"一师一优课、一课一名师"活动的通知》,希望通过活动使每位教师能够利用信息技术和优质数字教育资源至少上好一堂课,每堂课至少有一位优秀教师能够利用信息技术和优质数字教育资源讲授,促进优质数字教育资源共享,推动信息技术和数字教育资源在中小学课堂教学中的合理有效应用和深度融合。

如图 1-7 所示,在线教育理论研究文献整体也呈上升趋势,前几年的研究主要集中在对在线教育、翻转课堂的概念本质、特征要素的界定,到 2020 年理论研究的文献量激增,研究内容主要表现在在线教育的价值作用、混合式教学、在线教学质量等方面,这是受 2020 年新冠疫情的影响,研究者开始重新挖掘在线教育的价值,探索线上线下相结合的混合式教学方式。

2020 年之前,在线教育治理研究文献比较少,每年文献量变化不大,研究内容主要集中在农远工程和城乡在线教育公平,以及翻转课堂本土化等问题上。2020 年有关在线教育治理研究方面的文献量剧增,达到了最高点,这是因为 2020 年在新冠疫情的影响下,全国开展了超大规模在校学生线上学习,在线教育得到了大规模应用,但在取得良好效果的同时,教育公平问题和在线教育监管乱象也日渐凸显。可见,相关教育部门介入与政策引导,以及突发事件,对在线教育研究起到了一定的导向作用。

2.资源开发、教学评价、信息素养和空间建设等研究重视不够

从在线教育研究类目分布图可知,学者对资源开发、教学评价、信息素养和学习空间建设等研究关注相对较少。从这 4 个类目文献变化趋势图(见图 1-8)可看出,自 2015 年开始,有关在线教育资源研究方面的文献量呈上升趋势,这与 2015 年在第二次全国教育信息化会议上提出的"依托信息技术营造信息化教学环境,推动教学理念、方式和内容改革"有关。由此,我国从早期远程教育资源的建设和开发逐渐发展到在线教育资源和课程的设计开发。2020 年受新冠疫情的影响,很多学者研究新冠疫情时期在线教学资源、平台等的开发和应用,以及学习空

间建设问题，为进一步优化在线课堂教学效果，有效提升在线教学质量提供了建议和途径。

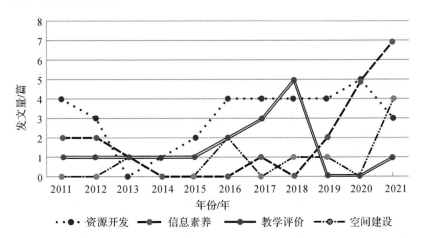

图 1-8　资源开发、信息素养、教学评价、空间建设研究文献变化趋势

在 2018 年之前，关于信息素养方面的研究文献较少，之后发文数量总体上呈现上升趋势，2019 年之后发文量剧增，其主要原因是 2018 年教育部发布的《教育信息化 2.0 行动计划》中提到要实现"三全两高一大"目标，目标之一是师生信息技术应用能力的提升。另外，教育部于 2019 年出台的《教育部关于实施全国中小学教师信息技术应用能力提升工程 2.0 的意见》要求到 2022 年基本上实现"三提升一全面"（校长信息化领导力、教师信息化教学能力、培训团队信息化指导能力显著提升，全面促进信息技术与教育教学融合创新发展）的总体发展目标。这些相关政策的出台是信息素养研究发文量稳定增长的重要原因。近几年的信息素养研究主要集中在教师信息化教学能力的提升、学生信息素养的培养上。《中小学电教》期刊从 2019 年开始，专门设置了"信息素养提升"专题栏目。

二、中小学在线教育研究反思

通过对中小学在线教育研究的可视化分析和内容分析,总结过去10年我国中小学在线教育研究特点及存在的不足,提出将来中小学在线教育研究的趋势。

(一)中小学在线教育研究特点

1.研究层面与视角不足

总体而言,近10年来,我国中小学在线教育研究主要集中在理论研究、应用研究、教育治理研究和教学模式研究上,在线教学评价研究和教育质量保障与服务研究相对较少,而在线教学评价是在线教育教学质量的重要衡量指标体系,是引领在线教育发展的关键。在新冠疫情背景下,我国在线教育虽然大规模开展,但在线教学效果差异比较大,在线教学质量标准不健全,如何更科学合理评价在线教学的效果值得研究。另外,现有研究多聚焦于宏观层面或微观层面的分析单位,以中观层面的组织作为分析单位的研究较少,如研究在线教育对中西部地区教育公平的影响,探讨在线教育对不同群体的影响抑或基于个体感知层面的探讨等,缺乏中观层面应用在线教育的实践经验和整体规划。就研究视角而言,现有关于中小学在线教育和教育质量的研究多为教育学领域的研究成果,且主要探讨微观层面教育教学方法、课程设计与应用等问题,因此研究者多从教育者视角分析这类问题,少从服务与管理角度研究在线教育质量问题。

2.在线教育资源建设应用的研究深度不够

从 2015 年开始,中小学在线教育应用研究方面的文献增多,包括在线教学交互、在线学习分析、翻转课堂教学设计、微课资源与课程相结合的应用等。但总体而言,充分利用国家教育资源平台推动优质教育资源均衡和进行教学改革方面的研究很少,主要原因是缺乏完善的在线教育平台和学习资源体系,以及部分资源建设针对性不强(说明在线教育资源建设与管理研究不够深入)。如新冠疫情期间国家中小学教学网络云平台和各省市的在线教育资源平台的教学资源虽然很丰富,但是适切性并不是很好,很多教师可能会因为没有找到适合自己课程要求的资源,而放弃选择平台的资源。

3.在线教育普适性研究缺乏

就目前研究文献来看,学者普遍认同在线教育应用受限于经济发展水平、个体信息素养和受教育水平等因素。在我国中西部欠发达地区和部分农村地区,在线学习设备等硬件设施的缺乏和师生信息素养的不足,一直制约着这些地区在线教育的发展与应用,这从另一侧面说明,有关如何使在线教育平民化的研究较少,在线教育在最应该发挥作用的地方没有体现其该有的优势。如何综合考虑欠发达地区学校环境因素、教师因素、家长因素和学生因素,通过合理的在线教育资源配置,推动学生有效参与到在线教学中来,以学生为本构建适宜的在线教育服务体系值得研究。

4.定性研究多,定量研究少

目前中小学在线教育研究主要采用文献研究、案例研究等定性研究方法,定量研究较少,创新研究方法情况不多,部分研究结论不具有普遍性和参考价值(如有研究认为在线学习的效果与课堂教学效果没有可比性等)。虽然应用研究方面的文献量不少,但多是实践经验的总结与反思。少数以量化研究为主的实证研究,也多为宏观层面的分析。因而,在线教育研究亟待加强研究的科学性与前瞻性,突破以定性研究为主的研究方法,将定性研究和定量研究结合起来,大力开展在线教育教学模式、教学评价和教学方法的改革与技术创新研究。

(二)中小学在线教育研究趋势

1. 校内在线教育研究

新冠疫情期间中小学开展的在线教育,是实实在在的现代远程教育,早期部分教师所实施的"翻转课堂"教学实践是一种线上线下相结合、校内讲授和校外在线学习相结合的混合教学。从"减负"角度来看,中小学的学习要求尽可能在校内完成,不建议占用学生更多的课外时间来开展课程的在线学习,所以如何在课堂内开展线上线下融合的校内在线教育是将来的一个主要研究内容。这样的研究内容也应该和智慧校园建设、学习空间建设、师生信息素养提升等结合起来,为校内在线教育的开展提供服务保障。

2. 基于大数据的学习分析与学习评价研究

教育大数据的合理应用对学校、教师和学生都能起到非常重要的作用。基于大数据技术可以收集并处理在线教育过程中的在线教育管理数据、教师教学数据、学生学习数据等诸多数据,这些数据可以为教师专业发展、个体差异化教学、过程性评价、学习效果分析、学习行为分析、资源应用等提供佐证和依据。目前,在线教育在大部分中小学的应用还处于观望状态,在线教育常态化应用之后,基于大数据的学习分析与学习评价研究将会是一个重要的研究方向。

3.特色资源建设和平台资源的管理应用研究

习近平总书记高度重视教育公平问题,提出以教育信息化作为重要手段,扩大优质教育资源的覆盖面,使得不同区域之间、城乡之间的教育差距逐步缩小,不断促进教育公平。《教育信息化 2.0 行动计划》提出的"三覆盖"(教学应用覆盖全体教师、学习应用覆盖全体适龄学生、数字校园建设覆盖全体学校),说明国家层面非常重视中小学在线教育资源的建设,就当前仍在完善的国家中小学网络云平台和各省市的在线教育资源平台而言,教学资源还是不少的,但美术、音乐、体育等特色类教学资源较缺乏,本土化的在线教育资源少,适切性强的在线教育资源仍需加强建设。另外,学习平台与中小学在线教育资源的有效管理与应用还需进一步研究。

4.在线学习项目设计研究

要顺利开展校内在线教育,现行的、大家熟悉的、基于知识点的课堂教学设计可能就不适应了,需要从大小项目、主题或单元角度出发进行课堂教学设计,充分利用学校信息化设施和国家提供的免费教学资源,基于实际条件开展校内在线学习项目设计与实践。

第二节　欠发达地区中小学在线教育应用现状与困境

一、新冠疫情期间粤北地区开展在线教学的情况

新冠疫情期间，为响应国家"停课不停学"号召，粤北地区中小学也按要求开展在线教学，虽然都是在线教学，但因为地区差异，各地的在线教学还是有所不同。粤北地区是经济欠发达地区，开展在线教学的困难较多。

（一）中小学开展的在线教学

1. 在线教学形式

根据《韶关市义务教育阶段学校"停课不停学"在线学习方案》，线上学习以共享课堂、共享资源、在线课堂、在线教研为实施途径。各中小学结合实际，选择一种或多种途径开展在线教学与学生学业辅导活动，大部分学校教师主要通过微信、QQ等大家所熟悉的社交软件组织和开展线上学习，选择学习内容，达成线上学习目标。另外，部分学校会因校施策，实行"一校一案"，即各校根据本校实际，针对不同学段、不同地区实施分层分级教学。条件允许的话，各区县教育局会要求教研部门根据学校需要，组织一批名优教师录制专题指导课，供各校师生选择使用；没有条件自行录制教学视频的，则建议各校利用当前各资源平台免费分享线上优质教育资源的机会，组织教师精心选择优质教育资

源,并向学生和家长推荐,为学生学习提供支持。

2.在线教学平台应用

大部分教师将班级微信群或班级 QQ 群作为网上在线教学的主要平台,在线上进行考勤、疑难解答、作业辅导及教学。教师在使用在线教学平台时,偏向于使用通讯功能(其实主要原因还是教师使用这些社交软件的熟练度),教学功能则被淡化了。为保证线上课程质量,学校主要采用一师一优课、粤教翔云数字教材等在线教学平台作为学校线上教学的主要资源,同时学校也为师生准备了相应的教学资源,主要在班级微信群分享使用。家长可根据孩子的实际需要,自行从"学习强国"学习平台"在家上学"、一起学网校、学而思网校、学科网等学习平台里有针对性地为孩子选择一些优质、免费的资源供孩子自主学习,作为辅助和补充。

考虑到居家学习的客观条件、学生自主学习能力等方面的原因,学习效果会有差别。在学校正式开学恢复课堂教学后,各地各校对学生居家学习情况进行了摸底,对学习质量进行诊断评估,然后有重点地对已学内容进行讲解和复习,加大对学习困难学生的帮扶力度,确保每名学生能较好地掌握已学知识内容。

3.在线教学资源获取

新冠疫情期间,粤北地区在线教学的资源主要来源于广东省教育资源公共服务平台粤教翔云[①]、国家教育资源公共服务平台[②]。广东省

---

① 广东省教育资源公共服务平台粤教翔云访问地址:http://zy.gdedu.gov.cn。
② 国家教育资源公共服务平台访问地址:http://www.eduyun.cn。

教育厅也向全省基础教育阶段的学生提供了丰富的托底资源，学生可通过广东广电网络有线数字电视、广东移动 IPTV、"南方＋"客户端、腾讯教育"粤课堂"等途径获取。

4.在线教学实施培训

考虑到教师平时基本没有开展过在线教学实践，加上事发突然，很多学校和地区在延迟开学期间紧急组织教师进行"岗前"培训，就如何开展线上教学进行"手把手"指导，经过培训后仍没掌握线上教学方法的教师就作为辅导教师参与在线教学，实际上还是有一大部分教师因为年龄、信息技术应用能力水平等因素暂时不作为课程主讲教师开展线上教学，其所承担的课程教学任务由科组其他具备在线教学能力的教师负责。

5.在线教学组织管理

在"一地一校一策"政策背景下，各地各校采取了一些个性化的行动方案和措施，呈现出不同的在线教育开展成效。在组织方面，不同学校在协调、合作与资源共享方面存在一些差异，例如：一些信息化条件较好的学校为了尽快适应在线教育，会开展较为周密的组织安排和调整，在短期内实现了最大程度的组织流程再造，以尽可能实现在线教育最优化；但有些学校仅将线下教育照搬至线上（传统课堂教学形式的直播课比较多），依旧沿用线下的组织管理方法和程序。在制度方面，不同学校的行动主体对在线教育存在认知观念、思想文化、社会结构和正式规则方面的差异：一些学校将此次全面在线教育的开展作为教学改革的契机；一些学校对此次在线教育的态度则较为被动，将在线教育当作线下教育的简单"搬家"，以应对居家学习；甚至还有一些学校对在线教育有些抵触。

(二)中小学开展在线教学的主要困难

美国教育部在 2010 年就提出了"技术推动学习的学习模型",指出在线学习常态化开展的前提是每个学习者都有自己的学习设备且能够随时随地开展个性化学习(见图 1-9)。如果没有新冠疫情期间的"停课不停学"在线教学实践,在线教学或在线学习的常态化开展和由技术引发的教学变革就可能只停留在研究层面或理论层面。这次的大规模在线教学实践是一次教育理念的大检阅、课堂革命的大契机、在线教学的大培训、校际教研的大协同,它可能引发"蝴蝶效应",进而推动中小学学习模式的"革命"。

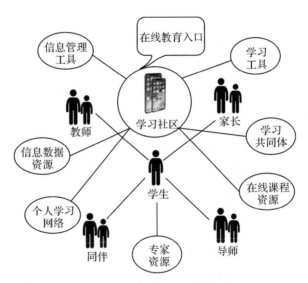

图 1-9　在线教育常态化的关键因素

但从新冠疫情期间粤北地区开展的在线教学情况来看,中小学学习模式的"革命"在欠发达地区的中小学里仍然任重道远,因为学校没有准备好,教师没有准备好,与教育相关的社会机构和家长也没有准备好,教学评价改革也没有及时做出调整。

1.在线学习条件不完善

粤北是经济欠发达地区,留守儿童多,家校信息化基础设施相比珠三角等经济发达地区而言不够完善。由新冠疫情引发的在线教学实践迫使各地政府与教育部门动员学生家长、企业、村委会和社会各界热心人士想方设法解决贫困家庭学生的困难,确保每一个学生实现"停课不停学",以保障教育公平。据统计,单清远市就有约 12.2% 的学生不具备网络电子设备或电视等在线学习条件。新冠疫情期间,清远市各级党委政府和各级教育行政部门主要通过政府购置、学校供应、社会捐赠、社区居(村)委会提供等方式解决了 5 万多人的终端设备困难问题,同时通过家长主动安装、社区居(村)委会和驻村扶贫干部联系并筹措经费、学校或企业或社会团体出资,以及利用邻居或亲戚网络、利用社区居(村)委网络等方式解决了 5 万多人的网络问题。

据调查,乳源瑶族自治县作为少数民族自治县,在教育上有较多的资金支持和政策支持,这主要体现在学校硬件的更新和维护上。乳源瑶族自治县基本上不存在硬件维护方面的问题,而乐昌市每个学校均存在现有设备老化需要维修、使用过于陈旧的教学设备等情况。正是由于政策的倾斜,乳源瑶族自治县在使用教育技术弥补教育资源不平衡上,比乐昌市的优势明显。比如,乳源瑶族自治县几个试点学校开展中心校与教学点实施同步课堂的项目,改善了教育资源不平衡的现象。但这样的政策倾斜对于粤北地区来说仍然是杯水车薪,在线学习条件不完善仍是粤北地区家校的普遍现象。

2.教师在线教学能力欠缺

由于城镇化推进,撤点并校后初中和小学的学科教师比例普遍不能满足学校教学需求,年龄结构、学科结构不平衡,粤北地区中小学教师队伍年龄总体偏高,普遍不熟悉移动互联网时代的教育技术,习惯以教师为中心的传统教育理念,不熟悉互联网思维下的新型教育模式,不善于借助在线教育资源解决学科教师不足问题,不习惯在 BYOD (Bring Your Own Device,自带设备)的环境下组织教学,难以获得学校、社会的支持与协助等。据调查,经过了新冠疫情初期懵懂的在线教学期之后,中小学教师整体上理解和适应了在线教学,但作为在线教学的关键行动者,大部分教师在在线教学的实施过程中,对自身在线教学策略、在线课堂管理、促进学生参与等在线教学效能感不强,觉得开展在线教学的难度不小,效果也不理想,复学后基本不考虑实施在线教学。

3.学校缺乏在线教学管理经验

在学校层面,教学管理人员也不太熟悉移动互联网时代的教育技术,习惯以教师为中心的传统管理理念,不熟悉互联网思维下的新型教育管理模式,不善于在 BYOD 的环境下组织管理教学,缺乏移动互联网时代的教育管理经验,无线网络环境建设不能适应 BYOD 教与学。

4.校政、家校、校企协同不足

与教育相关的社会机构和家长,缺乏对"互联网+教育"和 BYOD 的认识,习惯从应试教育角度评价教育成效,担心 BYOD 和在线学习会带来负面影响,但不排斥课外学科辅导。

5.在线教学与学业成绩关联不大

就目前所开展的在线教学而言,整体上与学生学业成绩提升关联性不强,或者说在线教学不一定能提高学生的学习成绩。技术的教育应用与学生学业成绩好坏相关,可以说是历次教育信息化改革的一个痛点,由新冠疫情引发的在线教学实践调研也同样凸显了该问题。造成这种现象,既有评价标准自身的问题,更与学业成绩测评内容的不足有关(短期还难以改变,2022 年 4 月教育部召开了"义务教育课程方案和课程标准修订"新闻发布会,之后的学习测评可能会发生相应的变化)。另外,学生线上学习效果难以保障是教师普遍反映的问题。教师认为难以实时把握学生在线学习的状态,线上教学管理与评价难度颇大,并且学生在在线学习时经常被其他与学习内容无关的信息吸引,造成学习注意力不集中,教学成效大打折扣,学习成绩不升或反降,这是学校、教师、家长都不想要的结果。

二、"双减"实施对公共在线教育服务的需求

中小学在线教学从新冠疫情之前的零星探索(主要发生在发达地区教育信息化条件较好的学校),到疫情初期的大规模在线教学全覆盖,再到后疫情时期线上线下融合互补,在线教学已经成为中小学生日常学习的新常态。"双减"政策出台对学科类培训机构的限制与管控,未必就一定会带来客观性的优质教育资源富足,但对当前在线教育的应用实际上产生了一定的影响。学科类校外培训资源由"全面过剩"转向"短期不足",引发争抢与焦虑。"双减"政策要求"强化学校教育主阵地作用",将促使"学生学习更好回归校园"作为主要工作目标。为深入

了解"双减"政策实施后学校教育情况,笔者选取了粤北韶关作为个案,开展"双减"政策实施1年后的现状调查。线上发放并回收家长有效问卷3858份,教师有效问卷286份。对问卷进行分析发现,尽管各地在推进教育公平、教育均衡方面开展了大量的实践和探索,但如果优质学校教育资源供给不平衡不充分状况仍然存在的话,这将成为阻碍学生回归学校教育的重要因素。因为生源、师资、设施等方面存在的客观条件,加上外在因素与内在服务意识不强、服务内容缺失、服务形式单一等方面的制约,"双减"要求的课后服务在欠发达地区学校将沦为"形式主义"的空谈,学生的多样化需求不能得到充分满足。因此,一方面,"双减"在规范在线教育发展;另一方面,"双减"实施需要在线教育提供服务支持和改革中小学教育生态,以缓解各方焦虑,助力协同育人与教育质量提升。

(一)公共在线教育服务助力"双减"政策落地

良好的供需关系是维持教育生态平衡的前提和基础,"双减"政策给学科校外培训按下暂停键,作为替代方案的课后服务在短时间内并不能完全满足家长和学生的需要。例如,韶关市52%的家长对课后服务的学习质量不放心,69%的家长在条件允许的情况下仍然会选择课外辅导班。校外培训需求有"黏性",课后服务需提升品质及多样性,这是"双减"政策落地面对的现实挑战,"双减"实施的效果很大程度上取决于家庭的教育态度和选择:选择完全校内托管的家长(50.5%),可看作"双减"政策积极响应者;选择"校内+校外"托管的家长(10.5%)和没有参加托管的家长(28%)可看作对"双减"政策保持中立者;选择完全校外托管的家长(11％)可看作对"双减"政策焦虑者。我国数字教育资源在赋能课堂教学提质、学生自主学习、个性化作业设计、课后服务创新等"双减"政策落地时,仍面临服务教师课堂教学的高质量资源短缺、服务学生自主学习的个性化资源匮乏、赋能课后服务的资源供给模式尚未形成等一系列现实挑战。公共在线教育服务体系利用国家、地方和优质学校教育教学资源平台,免费向学生提供高质量专题教育资源和覆盖各年级各学科的学习资源,有效满足家庭和学校对优质教育资源的需求,逐步提高学校教学质量。调查显示,90％的家长和82％的教师对公共在线教育服务系统持正面态度,构建优质教育公共在线服务系统是家长和教师的共同诉求,是"双减"政策落地的有效路径。

(二)公共在线教育服务消解家长教育焦虑

教育焦虑是体现在教育层面的由教育过程和教育结果带来的不确定性所产生的紧张、不安、忧虑、烦恼等复杂情绪状态。"双减"政策执行 1 年后,粤北韶关市 34％的家长表现焦虑,49％的家长表现一般;65％的家长焦虑孩子的成绩,48％的家长焦虑不了解孩子的学习情况,47％的家长焦虑自己辅导不了孩子;63％的家长在必要时会寻求课外辅导班,69％的家长则表示会想办法报课外辅导班,31％的家长表示信任学校和教师,不会报课外辅导班。学业成绩是家长教育焦虑的主要表现形式。"双减"政策要求强化学校教育主阵地作用,但仅有 31％的家长对学校和教师充分信任。影响家长对学校课后服务满意度的主要因素是学生学习效果(52％)、课程(28％)、费用(24％)、时间安排(18％)和其他。无论是课堂教学还是课后服务,家长最在意的都是教学效果和质量,因此提高学校教学质量是消除家长教育焦虑最直接、最有效的途径。

粤北韶关市 84.5% 的家长学历为专科及以下,82.6% 的家庭月收入低于 1 万元。高学历(硕士以上)与高收入(月收入 2 万元以上)呈现正相关关系。"双减"政策下学历较高(硕士及以上)和较低(高中及以下)的家长表现出较高的支持率,而中间学历(专科、本科)则表现出较强的教育焦虑(见图 1-10)。产生教育焦虑的主要原因可以分为 3 种类型:第一种为高学历高收入的家长工作稳定,自己可以辅导孩子,对孩子的成绩焦虑相对较低,对"双减"政策支持度相对较高,同时对学校的教学质量信任度较低;第二种则为低学历低收入的家长时间相对自由,但自己无法辅导孩子,对孩子的成绩焦虑程度较高,对"双减"政策支持度相对较高,对学校的信任度较高;第三种则介于前两种之间。

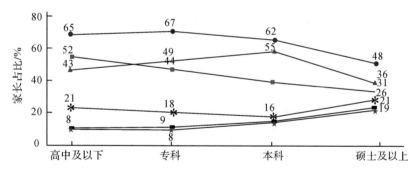

图 1-10　粤北地区不同学历和收入家长的教育焦虑变化

韶关市高学历家长仅为 1%,因此特别需要关注第二种和第三种类型的教育焦虑。第二种类型的家长(63.8%),其教育焦虑的主要原因是孩子成绩(64.6%),自己辅导不了孩子(51.5%),不了解孩子的学习情况(43.4%),对政策和学校信任度较高即不会报课外培训(35.5%)。针对这一类型的家长,消解其教育焦虑的首要途径是解决其无法辅导孩子的问题,这背后既有学历的原因也有教育费用的影响。89.7%的家长期待免费的公共在线服务系统有助于解决这两大难题,同时又因为是免费的,减少了这类家庭的教育负担,因此这类家长对政策和学校的信任度最高。第三种类型的家长(35%),其教育焦虑的主要原因是孩子成绩(64.6%),不了解孩子学习情况(51%),自己辅导不了孩子(40.7%),对政策和学校信任度较高即不会报课外培训(24.6%)。针对这一类型的家长,消解其教育焦虑的首要途径是解决其无法适时了解孩子的学习情况,其次是辅导孩子的问题。91.8%的家长期待免费的公共在线服务系统解决家校沟通问题和必要的辅导孩子问题,所以这类家长对免费的公共在线教育服务需求最高。

(三)公共在线教育服务缓解教师压力

教师智力资源是学校教育的重要人才资源,提升课堂教学质量的关键在于教师,然而在教学任务不减、教学难度不降、服务时间增多、家长期待增加等前提下,"双减"给教师群体也带来了新的挑战:一是优质教师资源短缺与教育不均衡的难题短时间内尚不能得到解决,二是社会对学校教学质量的更高追求本质上是对教师专业能力提出更高要求。粤北地区中小学本就较缺乏优质的教育资源,师资队伍数量不足,整体结构不均衡,教师专业能力平均水平一般,"双减"政策的推行使教师不可避免地面临工作负担加重的风险,甚至一定程度上影响了教师的工作情绪与态度。如何增强课外在线辅导教学服务的吸引力,缓解教师工作负担,对学校教师来说非常重要。

(四)公共在线教育服务助力协同育人

我国自古就有"学而优则仕"的教育理念,不管哪个家庭,家长都会在自身能力范围内尽可能给孩子提供相对优良的教育资源。中产及以上阶层家长会根据情况不断调整,充分利用各种教育资源助力孩子教育发展,这类家长的校外培训需求不会轻易终止,也就是第一种类型的家长,他们对学校教学质量的信任度最低。在"双减"政策实施前,农村地区小学生群体中也有 20.8% 的人会参加学科类培训。"双减"政策所指向的是教育内卷化、社会阶层固化、家庭教育焦虑、高额教育支出和学生负担过重背后的结构性矛盾,弱化这些矛盾首先需要矫正家长的教育观念。家庭教育法要求建立健全家庭、学校、社会协同育人机制,将家庭教育指导服务纳入城乡公共服务体系,将家庭教育融入公共在线教育服务体系,贯彻科学的家庭教育理念和方法,家庭、学校和社会教育三者紧密结合协同育人。

(五)公共在线教育服务助推乡村教育高质量发展

教育部基础教育司司长吕玉在落实"双减"工作中指出校内"减负"提质是根本之策。一手抓"减负",一手抓提质,教育部指导学校强化"三个提高"以提升学校教育质量,即提高作业管理水平、提高课后服务水平和提高课堂教学质量,推动"双减"工作取得明显成效。现实是乡村教育高质量发展面临三大困境:一是粤北地区是经济欠发达地区,区县及乡镇学校实质性的教育资源不均衡现象难以解决；二是乡村教师信息技术应用能力欠缺；三是学生可获取的学习支持服务不足。在国家及地方普遍要求加强基础教育高质量发展的背景下，或许公共在线教育服务可以在一定程度上助推教育部提出的"三个提高"。如针对教育资源配置不均衡问题，考虑充分利用国家智慧教育公共服务平台，以及省级和地市级各类优质教育课程资源、课件资源、图书资源等，助力欠发达地区学校师生共享优质教育资源；针对学生学习支持服务不足等问题，建立"云上学校"，整合各类数字化学习资源及优秀教师、音体美等智力资源，分级分类打造丰富多彩的开放性在线课程资源平台，帮助不同层次、类型、特点的学生找到适合自己的学习资源，通过在线直播和远程辅导等方式为乡村中小学生提供优质教学服务和课后辅导服务，加快提升农村教育质量，缩小城乡教育差距；针对乡村教师发展困境，构建"互联网＋"条件下的乡村教师专业能力提升路径、服务体系，提高教师信息化教学能力和信息素养。

第二章　回顾与展望：
中小学在线教育发展变迁

在线教育的兴起，既是网络技术发展的产物，也是教育需求多元化的必然。全球在线教育大体经历了 3 个阶段：一是 1998 年前后开始的在线教育 1.0 阶段，该阶段核心特点是教学媒介发生变化，纸质教学材料搬到线上，线下课堂转为线上课堂，教学资源转向数字化，教学内容和方法没有改变；二是 2005 年前后开始的在线教育 2.0 阶段，该阶段核心特点是教学资源重构，内容呈现方式突出在线特点，时空转换更符合人的学习需求，教学流程更贴合在线教与学认知规律，互动、反馈和可视化技术更具有教育属性，智慧化元素增多，个性化教学取得突破，未来学校和新的教学范式出现端倪，但教育底层逻辑和基础框架没有改变；三是 2016 年前后开始的在线教育 3.0 阶段，该阶段核心特点是人工智能、大数据、量子计算等技术取得突破并开始广泛应用，教育智能化初步呈现，自适应学习成为可能，人类认知框架需要再构，与教育目标、教学定位、实现方式相对应的学什么、跟谁学、怎么学又有新的理解。各国中小学在线教育的发展整体上与全球在线教育的发展经历了类似的阶段,只是发展的时间节点和程度有所差异。

第一节　中小学在线教育发展历程

一、美国 K-12 在线教育的发展历程

美国教育技术发展是各国教育技术发展的风向标,K-12 在线教育的发展也不例外。

(一)美国 K-12 在线教育的起源

美国 K-12 在线教育起源于 2 个独立发展的历史事件:一是校外远程教育;二是校内的计算机辅助教学(Computer Assisted Instruction,CAI)。后来随着互联网的出现,这 2 个独立发展的路径开始走向融合和汇聚,共同奠定了美国 K-12 在线教育发展的初期基础。

1. 校外远程教育

K-12 教育领域的校外远程教育经历了与成人远程教育相似的发展历程,其主要服务对象是那些出于各种原因无法到传统学校上学的山区学生或特殊困难学生,早期主要技术手段是利用卫星为这部分学生提供远程教学服务,主要形式是教学内容的简单传递。20 世纪 80 年代后,技术的发展为在线教育提供了更多可供选择的手段,一些州和地

区开始尝试利用音/视频会议系统为 K-12 提供涉及文本、音频视频等多媒体教学内容的远程教育,并开始关注师生互动和生生互动。

2. 校内计算机辅助教学

20 世纪 60 年代计算机辅助教学系统进入学校教育以来,一些美国的中小学开始将 CAI 个别化教学系统用于学习困难学生的补习。这一传统一直延续到了今天,只不过所使用的技术方式和技术手段已经发展到了数字化、网络化学习环境。

(二)美国 K-12 在线教育的发展阶段

美国 K-12 在线教育的发展经历了起步期、发展期和成熟期 3 个阶段。

1. 起步期(1990—2000 年)

1991 年,美国成立了第一所私立在线学校——劳雷尔斯普林斯学校(Laurel Springs School),这是美国最早的私立在线学校。1994 年,劳雷尔斯普林斯学校就开发完成了面向 K-12 学校的全部课程。1996 年,受佛罗里达州教育部和联邦基金资助的第一所公立在线学校佛罗里达虚拟学校(Florida Virtual School,FLVS)和佛罗里达虚拟高中(Florida Virtual High School)相继建立。佛罗里达虚拟学校是典型的州级在线学校,随着时间的推移,它开始为 K-12 学校的各年级学生提供服务。后来,佛罗里达虚拟学校不仅为佛罗里达州的适龄学生提供教育方案,也接收美国其他地区和世界各地的学生。佛罗里达虚拟学校包含完全在线和补充在线 2 种方式:完全在线是提供全日制的在线教育;补充在线主要面向全日制外的学生,提供合适的在线学习方式。

佛罗里达虚拟学校的教师和课程都有权威的认证,从而可以保证在线教育的高质量。1999 年,密歇根虚拟学校①(Michigan Virtual School)成立,也为 K-12 学校的学生提供合适的在线课程。

2. 发展期(2000—2010 年)

美国公立学校早在 2003 年就已经实现了 100% 联网,宽带接入率将近 100%。

具有营利性质的 K-12 公司成立于 2000 年,其目的是利用先进的技术为学生提供高质量的、公平的公立学校教育,宗旨是希望利用技术来解决美国乃至世界各国的公立学校间教育差别的问题。2001 年 9 月,K-12 公司成功地将 K-12 课程推送给了宾夕法尼亚州和科罗拉多州的学校,并为这 2 个州的 900 多名学生提供服务。K-12 公司是美国最大的 K-12 在线教育提供商,主要向在线公立学校提供在线教育产品或管理服务,即公立在线学校可以只使用 K-12 公司所提供的在线教育产品,也可以请 K-12 公司代为管理;K-12 公司同时运营自己的在线私立学校。K-12 公司为适龄学生提供了多种学习选择,确保每个学生都有相对公平的教育机会。另外,作为美国最大的在线教育提供商,K-12 公司向学校和个人提供在线课程,同时也向在线学校出售在线学习管理系统,并帮助这些学校对在线教师进行培训。这些配套的产品和服务在一定程度上保证了其所提供的 K-12 在线教育的完整性和连贯性,也在一定程度上保证了在线教育的质量。

---

① 密歇根虚拟学校是一个通过因特网或其他网络方法为幼儿园到高中的学生提供课程的教育机构,网址:www.mivhs.org。

2007 年,萨尔曼·可汗成立了非营利性的"可汗学院"网站,旨在用视频讲解不同科目的内容,并解答网友提出的问题。可汗学院的主要受众还是 K-12 教育阶段的学生。可汗学院有 4 个主要功能:视频学习、习题测验、报告生成和用户互动指导。无论是视频制作、习题设置还是用户互动指导服务,可汗学院始终以学习者自身的学习需求为中心,为个性化学习提供全方位的支持。2008 年,美国授权建立"先进信息与数字国家研究中心",组织优秀人才专门研究解决重构教育系统后的开放教育资源等复杂问题。2010 年,美国教育部的《改革蓝图:初中和中等教育修订法案》提出要专门拨款创建优质数字化教育资源,同年发布的国家教育技术标准《变革美国教育:技术推动学习》将资源建设视为美国教育的基础设施,要为每位学生、教师及各级教育系统提供可随时访问的在线教育资源。

3. 成熟期(2010 年至今)

2010 年之后,州立虚拟学校(州立虚拟学校是指经州立法或相关机构通过,由州教育部门参与管理,由州政府拨款资助的项目机构,旨在为全州的 K-12 学生提供在线学习的机会)已成为美国 K-12 在线教育的主要提供者和主力军,也是全球 K-12 远程教育实践中的一种独特机构。2007 年,全美 30 个州开始建立州一级的虚拟学校或开设类似的在线学习项目,到 2011 年已经有 40 个州开设了在线学习项目。虚拟学校成为撬动公立学校结构改革的新变量。作为美国最大的网络学校,佛罗里达虚拟学校在 2011—2012 学年有 26 万学生注册。

（三）美国 K-12 在线教育的发展特点

第一，与学校教育互联互通，解决美国 K-12 教育领域师资与课程资源不足等问题。

在线教育缓解了美国现有 K-12 公立学校教师资源不足和课程冲突的问题，同时为美国高中生提供充足的 AP 课程（AP 是 Advanced Placement 的缩写，指大学先修课程、大学预修课程）。AP 课程主要由美国大学理事会提供的在高中授课的大学课程，高中生可以选修这些课程，在完成课业后参加 AP 考试，得到一定的成绩后可以获得大学学分。

第二，校内外线上线下融合，提供多样化与个性化的在线教育应用。

美国 K-12 在线教育由初期的主要用于传统实体学校学生的补充功能和资源共享优势正在向多样化应用拓展。K-12 数字化学习资源越来越走向开放，结合了数字化学习和面对面学习优势的混合学习更加符合 K-12 学生的现状和需求。K-12 在线教育成为学生高中毕业的一个必备条件，受到越来越多学区、学校和教师的欢迎。联邦政府及许多州采取各种针对在线教育的积极政策，鼓励更多的在线教育实践探索和创新，以推动美国 K-12 教育系统的高效和高质量发展。

二、我国中小学在线教育的发展历程

（一）我国中小学在线教育的起源

我国中小学在线教育源于 1996 年成立的 101 网校，这是中国首家中小学远程教育网站。101 网校主要依托于北京 101 中学的优秀教学资源，为小学三年级到高中三年级学生提供名师课程和优质教育资源，为学校提供信息化教育教学管理应用平台,为教师提供专业发展服务,为家长打开了解教育方法的窗口,也点燃了无数家长和学生对优秀的教育和教学资源的渴望。

(二)我国中小学在线教育的发展阶段

我国中小学在线教育大致经历了短暂繁荣期、徘徊期、快速发展期、井喷期 4 个发展时期,在线教育的发展脉络如图 2-1 所示。图 2-1 上半部分主要体现在线教育市场变化,图 2-1 下半部分主要反映对应时期国家的关键事件或政策,时间主轴线同时说明了技术变化与应用。

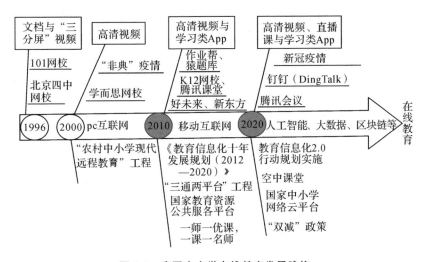

图 2-1　我国中小学在线教育发展脉络

1. 短暂繁荣期(1996—2000 年)

101 网校良好的市场反应催生了名校办网校潮流,一时间依托名校成立的"四中网校""黄冈网校"等迅速崛起,这股潮流在 1999—2000 年左右席卷大江南北。在最高峰的时期,全国大约有 8000 所网校。这也就意味着,各地还不错的中小学基本都办了网校。这个时期的在线教育产品主要是文档与视频文件,即把师资力量在互联网群体里进行付费分享。此类在线教育最开始主要是依靠录播的形式开展的,由学校将课程讲解的视频录下来,上传到网络上,学生上网进行学习活动。进入 21 世纪后,由于计算机技术的快速发展,"三分屏"视频学习资料逐渐流行起来,并广泛应用于在线教育平台。

2. 徘徊期(2000—2010 年)

2001—2003 年,教育部和香港李嘉诚基金会共同实施的"西部中小学现代远程教育项目"取得了建设农村远程教育教学示范点的成功。2003 年 9 月,经国务院批准,教育部、国家发展改革委、财政部共同启动并部署实施"农村中小学现代远程教育"工程。实施该工程的目的是通过信息技术,采取教学光盘播放点、卫星教学收视点、计算机教室 3 种模式,将优质教育资源传输到农村中小学,构建一个功能适宜、使用方便、资源丰富、注重实效的远程教育环境,普及和深化远程教育的应用,以促进城乡优质教育资源共享,提高农村教育质量和效益,推进农村中小学现代远程教育,并全面提升农村教师应用信息技术的水平,以全面提高农村教育质量,努力缩小城乡教育差距,促进义务教育均衡发展。到 2007 年底,该工程建设任务基本完成,覆盖了中西部 12 个省 36 万所农村中小学,1 亿多农村中小学生得以共享优质教育资源。"农村中小学现代远程教育"工程初步搭建了一个遍及全国农村中小学的现代远程教育网络,形成了基本满足农村中小学教育教学需要的资源体系。"同在蓝天下,共享好资源"成为当时最流行的宣传语。利用现代远程教育工程,同上一节课,也成为当时最热门的教研方式。为结合各校的实际情况,"农村中小学现代远程教育"工程在实施的过程中,因地制宜采用了 3 种模式:一是教学光盘播放点;二是卫星教学收视点;三是计算机教室。

进入 21 世纪以后,网络的普遍使用使得中国网民人数迅速增加,在线教育市场规模越来越大,原有的部分网络教育学校开始涉足在线教育,这些学校不再提供"三分屏"视频学习资料,而是主要提供高清视频学习资料。这一时期出现了一些比较有名的在线教育企业,如中华学习网、东大正、简单学习网、101 网校、学而思网校等这些专注 K-12 的在线教育机构。

另外,2003 年由"非典"引发的大规模停课热潮又给这股网校热潮添了一把柴,使得培训机构的"网课"开始了小规模的复苏。但"非典"过后,这股热潮逐渐降温,学生和家长,包括办学者逐渐趋于冷静。市场的降温和激烈的竞争使大部分网校纷纷退出了这个市场。在原来的几大网校中,北大附中网校和清华附中网校分别被联想和同方战略收购后逐渐没了踪影,只剩下 101 网校和四中网校支撑着这个市场。

3.快速发展期(2010—2020 年)

2010 年 CPI 走高导致资本涌入移动产业的资本因素和工信部对于手机禁带 Wi-Fi 的政策限制在 2011 年初被厂商逐渐打破的政策因素引爆了中国移动互联网。2011 年左右,伴随终端、移动互联网的发展,教育进入了真正的"在线"教育,很多互联网公司开始投身于在线教育的行业,粉笔网、第九课堂、多贝网等应运而生。这个时期,大多数在线教育机构都采用直播式教学,通过老师直播上课,能够和学生有一定程度的互动,也能通过在线答疑解决学生的问题。其间,两方面的做法也促进了在线教育的快速发展：一是政府方面大力促进电子书包和互联网教学的硬件、宽带、网络条件的配备；二是市场化的教培企业通过各种方式试水在线教育，培养市场的接受度。另外，自 2012 年起，美国出现 MOOC，并向全球用户免费提供学习资源。MOOC 的出现为在线教育推行公开课奠定了基础。

2012 年 3 月，教育部提出的《教育信息化十年发展规划（2011—2020 年）》要求建立政府引导、多方参与、共建共享的开放合作机制。2012 年之后，我国各地方逐步开始"三通两平台"工程的建设，即宽带网络校校通、优质资源班班通、网络学习空间人人通，建设教育资源公共服务平台和教育管理公共服务平台，以实现教学点数字教育资源全覆盖，推进农村中小学宽带接入与网络条件下的教学环境建设，推动优质数字教育资源的普遍应用。2012 年 12 月，中央电化教育馆旗下的"国家教育资源公共服务平台"开通试运行，"国家教育资源公共服务平台"的雏形就是 10 年前中央电教馆为服务农村中小学现代远程教育工程建设的资源库。

2013 年，基于智能算法的猿题库进入教育视野（猿题库是一家提供学生在手机和 Pad 上做题业务的公司）。猿题库通过引入智能算法和大数据挖掘技术，针对每一位学生实现一对一智能出题，优化学生在学习过程中做题这一重要环节的体验，提升做题练习的效率。2013 年创建的中小学优质教育资源共享平台梯子网整合了上千万道题及近千万份的课件资源，通过技术手段和大量的人工处理，使得每一份课件资源都精确到了课本章节定位，每一道题目都拥有数十个相关数据属性，方便科学地管理教学与学习过程。梯子网拥有数量最多、分类最全、版本涵盖最广的题库及课件资源,为教师提供强有力的教研工具,同时通过学生在线测评、作业答疑等功能,为学生提供个性化的学情诊断和学习计划。"三通两平台"的建设,以及猿题库的应用和梯子网的创建,进一步推动了中小学在线教育的发展。

2014年,教育部部署教育信息化工作,决定开展"一师一优课、一课一名师"活动,旨在以应用为导向,以资源共享为纽带,以教师课堂应用为中心,创新教育教学模式和方法,推动信息技术与教育教学深度融合,促进优质教学资源共享,更好地服务乡村教育,提高教学质量,缩小城乡教育差距。

2016年后,互联网直播技术的成熟并在教育领域的快速应用,以及"80后"家长对互联网消费的高接受度,推动了在线教育的迅猛发展。2019年,字节跳动秘密孵化的K-12网校"大力课堂"上线,主打大班课,同期还收购了清北网校。根据艾瑞研究院发布的数据,我国K-12在线教育市场规模逐年递增(见图2-2)。

图 2-2 中国 K-12 在线教育市场规模

4. 井喷期（2020 年之后）

新冠疫情暴发后，我国于 2020 年 2 月迅速建设开通的国家中小学网络云平台和中国教育电视台"空中课堂"，开发了一大批专题教育资源和覆盖中小学各个年级、各个学科的课程教学资源。国家中小学网络云平台作为保障"停课不停学"的"国家队"经受住了考验，为 1.8 亿中小学生的在线学习提供了重要支撑。

新冠疫情加速了在线教育的发展，在线教育进入发展的快车道，用户规模高速增长，在线教育成为教育"新常态"。其间，大量中小学在线教育产品受到关注，这些在线教育产品主要包含社交工具型、通信工具型、平台服务型、教学工具型、公共资源型、学科内容型、综合辅导型 7 类。

（1）社交工具型：支持交互与办公的社交软件，利用群聊、视频音频会议、扩展程序等集成实现多种教学功能，如微信、QQ、钉钉移动办公平台等。

（2）通信工具型：以网络视频会议为核心，支持同步直播教学，如 Zoom、小鱼易连等。

（3）平台服务型：提供数字化教学环境，辅助教师完成在线教学全部流程，实现选排课、发布通知、在线交互、批阅作业、数据管理与分析等功能，如学乐云、雨课堂等。

（4）教学工具型：辅助线下或在线教学的工具，实现教学中某一或某几个环节的数字化与高效教学，如作业盒子、一起作业 App 等。

（5）公共资源型：提供微课、教材等数字化公共教学资源，如国家中小学网络平台、中国教育电视台、卫星电视等。

(6)学科内容型:以课程为主的各学科系统的在线学习资源,如腾讯课堂、人民网公开课、CCtalk 等。

(7)综合辅导型:由在线教育机构自主研发线上教学平台、教学辅助工具与学科课程体系,集教研教学于一体,由机构教学团队为学生提供综合性学习体验,如作业帮、猿辅导、学而思、新东方、学霸君、清北网校等。

(三)我国中小学在线教育的发展特点

1.技术引领,资本推动

在线教育的兴起源自技术,其发展借助于资本,教学依赖于教育者。简单地说,互联网人是发起者,资本是助推剂,专业教育者是指导者和从业者。目前,大型在线教育公司的背景主要有 3 个。一是互联网人自主发起。2011—2020 年是以移动互联网为代表的新经济发展的"黄金十年",教育领域也是"互联网＋"的重要领域,互联网公司特别是从事相关板块业务的互联网人,以"互联网＋教育"模式开创在线教育的先河,作业帮、猿辅导、网易有道均属此类公司。二是线下培训机构增加线上业务。如新东方、好未来,原本都是传统的线下校外培训机构,随着线上教育行业的蓬勃发展,这些机构开始重视并开设线上业务。三是互联网巨头跟风投入。随着在线教育逐渐成为风口并得到资本认可,腾讯等互联网巨头也都开始重视在线教育,纷纷推出腾讯课堂、企鹅辅导等。在线教育公司里的老师有 2 种。一是主讲老师,来源主要依靠外聘和自主培养。主讲老师是在线教育公司授课体系中的关键,大多具有专业背景。二是辅导老师,以大学毕业生为主,负责督促学生上课、跟踪学生上课效果、辅导学生完成课后作业等。

从 2012 年开始,我国 K-12 领域成为在线教育投资并购最为活跃的细分领域,其主要特点如下:一是 K-12 领域在线教育主要集中在外围辅导,并未触及 K-12 领域的教育核心;二是 K-12 领域在线教育所涉及的相关主体多为培训机构,而非教育系统中占据重要地位的中小学;三是 K-12 领域在线教育的蔓延式发展是以市场利益为导向的,而非真正以引导学生个性化学习为导向。由此也可看出,我国 K-12 领域的在线教育,其发展的实质是以市场为导向的培训机构的野蛮生长,而不是政府和学校根据教育需要满足学生个性化的本质要求所做的宏观调控。

2.校外主导,校内观望

以往在线教育是进不了 K-12 课堂的,只能在课外辅导、技能培训、继续教育等外围板块作为辅助手段。《2018 中国中小学在线教育行业研究报告》显示,中小学在线教育业务模式主要包括智能学习(主要由新东方、好未来等大公司投资)、在线一对一学科辅导(如三好网、掌门一对一)、在线外教(如 TutorABC、Kid)、在线测评(如测评网、批改网、极智批改)、网校模式(如学而思网校、101 网校)。新冠疫情期间,全国的大中小学通过直播课、点播课、网络辅导、在线课堂,进行了爱国主义教育、生命教育等,同时完成相应的教学任务。

K-12 在线教育企业的用户包括体制内用户与体制外用户。体制内用户是指那些中小学及教育机构。这些学校和教育机构会购买 K-12 在线教育企业的信息化产品和服务。政府每年向这些学校和机构投入的信息化建设资金达 2000 亿元,因此我国中小学信息化市场具有很大的发展空间。但国家投入的资金大多用于购买信息化设备。信息化产品主要是"三通两平台",其中"三通"是指无线网络校校通、优质教学资源班班通、互联网学习空间人人通;"两平台"是指教育资源公共服务平台与教育管理公共服务平台。其他信息化产品还有教学平台、信息化软件等。K-12在线教育企业的主要职责是为这些信息化产品提供服务。体制外用户包括除体制内学校及教育机构以外的其他学校和教育组织。这类用户主要购买的服务及产品包括视频公共课、在线交流答疑、在线搜题等。

3.政企协同,相互促进

2020上半年在线教育发展体现三大特点。从供给端看,在线教育与教育信息化相互促进发展。多年来基础教育信息化建设的成果("三通两平台"项目、"一师一优课、一课一名师"活动)成为开展大规模在线教育的重要基础;同时,各地学校、政府与第三方企业、平台及时推出在线课程,教育信息化得以真正向教育创新转变。从用户端看,新冠疫情期间大众对在线教育的认知和使用迅速提升,各地教育部门积极推进网络学习平台使用。各大在线教育平台积极响应政府号召,面向学生推出免费直播课程。从发展趋势看,线上线下融合成为教育行业发展的主流模式和发展趋势。

第二节　中小学在线教育发展现状与发展趋势

一、中小学在线教育的发展现状

我国中小学在线教育起步较晚，但发展迅速，且由于人口基数大，教育需求剧增，在线教育的发展明显表现出潜在需求扩大、市场分化严重、应用创新不足、教育监管滞后等问题。

(一)潜在需求扩大

发展在线教育，有利于构建网络化、数字化、个性化、终身化的教育体系，有利于建设"人人皆学、处处能学、时时可学"的学习型社会，有利于打破时空地域限制，合理配置资源。我国人口众多，教育需求巨大，在线教育潜在用户庞大。和 10 年前不同的是，在线教育的大环境日趋成熟，互联网生活方式的普及，家庭网络的大面积提速，"90 后"消费群体的崛起，学生平等享受优质教育资源的渴望，适应未来能力(设计感、娱乐感、意义感、故事力、交响力、共情力等)的变化，职业竞争的加剧，使得公众对在线教育的需求进一步提升。

(二)市场分化严重

智研咨询发布的《2020—2026 年中国 K-12 课外辅导行业市场现状调研及投资机遇分析报告》数据显示，在互联网技术、移动互联网基础设施日渐成熟、用户习惯向线上大规模迁移的背景下,我国在线教育行业近年来呈现出持续升温的局面,市场规模和用户规模不断增长。用户对在线教育接受度的不断提升、付费意识的觉醒和线上学习丰富度的完善等是在线教育市场规模持续增长的主要原因。为响应教育部"停课不停学"号召,众多教育平台纷纷转型线上,市场火热,仅 2020 年一年,中国 K-12 在线教育融资就达 500 亿元,超过了这个行业 10 年的融资总和。但是,市场呈现未完全成熟健全的局面,主要体现在学习课程产权不明晰、课程同质化现象严重、缺乏法律政策保护、技术能力与服务平台支撑不足等方面。如猿题库通过"穷举法"大量扩张题库,以增加使用者的应试经验;以网龙开发的 101 同学派为代表的在线学习工具,通过学生端和教师端直接走进课堂教育,成为教师讲课、与学生互动的辅助工具;"优答"则是以智能推送知识点为体系的智能学习平台,使用场景是学生的日常学习。大多数家长都有这样的顾虑,现在网上内容鱼龙混杂,使用在线教育是否真的有效果,孩子会不会因此分心而更加耽误学习。在这种情况下,需要依据在线教育的特征,尽可能先建立行业规范,并引导整个行业遵守规范。应该强调先有规范,再使用技术。如果先使用技术,没有规范,就容易出问题。在线教育是传统教育的一种有力的补充,在线教育的使命依旧是以教育为本,只有让人真正地学到知识,获得自我的提升,才算达到了教育的本质,实现教育最根本的目的。

(三)应用创新不足

新冠疫情引发在线教育井喷,同时也暴露了很多问题,如教育信息化发展不平衡、教师信息技术应用能力不足、在线教育效果不理想等。最大的问题还是大家用传统教育的思维对待在线教育，缺乏对在线教育模式的研究和探索，遇到问题经常会用传统教育管理思维去解决，开展在线教育困难重重。在线教育的普及应用，需要教师掌握的不仅是在线教育所需的技术，还需要教师调整长期以来形成的传统课堂教学法和教学思维，以适应在线教学需求。很多教育管理层可能没有意识到在线教育的重要性和发展趋势，对教师和学生是否有相关的信息素养去适应在线教育没有足够的重视。学校领导需要了解哪些教师能够为在线学习者提供最有效的教学与交流方式，能够创造正确的政策环境，并采取负责任的措施去鼓励和促进在线教育创新与发展，而不是单纯地要求教师服从学校指令。

（四）教育监管滞后

2020年年初，受新冠疫情影响，教育部发出"停课不停教、停课不停学"的要求，大多数地区出台线下培训机构停课的规定，在线教育得到了迅猛发展。据教育部统计，截至2020年4月，参加在线课程学习的学生达11.8亿人次。大量资本的涌入促进了在线教育的繁荣，但监管缺失和资本逐利的天性使在线教育行业逐渐偏离教育的本质，许多在线教育机构已背离了教育初衷，导致在线教育行业乱象频生，虚假宣传、师资混乱、资源质量低下、行业内耗、卷钱跑路等现象不断涌现。2021年2月，中央纪委发表相关文章，对在线教育发出"是否存在无序的资本竞争、到底是谁在办教育、如何规范运行依法监督"的三连问，直指资本旋涡下的在线教育乱象与监管问题。在线教育归口管理不明确是监管难的主要原因。在线教育属于大教育的范畴,在线教育机构大多是公司性质,不归属教育部门管理,需要市场监管部门、民政部门等多部门协同管理,但这些部门又缺乏参与,因而教育部提出的一些做法和要求很难落实。可见,政府部门对于在线教育乱象的整治是非常必要的。优质的在线教育机构要能真正为用户带来价值,为教育事业的进步起到推动作用,是时候构建政府引导、市场驱动、社会监督、协同推进的可量化、可监督、可比较的规范与机制,以促进在线教育行业有序发展,推进在线教育治理体系现代化建设。

二、中小学在线教育的发展趋势

因新时代人才培养目标的变化和新兴技术的广泛应用,未来在线教育必定朝着智能化、个性化、多样化、协同化、集成化的方向发展,并将呈现出 5 个新特征:一是在线教育的发展推动知识观的发展变化,海量网络信息、动态主观知识、境域操作知识、综合碎片知识等新知识观深入人心;二是教育改革创新将注入人机协同、共创分享的新动力;三是教育科学研究将进入交叉融合、集智创新的新阶段;四是教育发展目标将聚焦更加公平、更有质量的新标准;五是在线教育治理体系将面临社会伦理、数据安全的新挑战,在线教学作为常态化教学模式加以制度化。

(一)教育智能化

现代信息技术将进一步促进在线教育的发展,移动终端、通信技术、大数据技术、人工智能交互技术等使灵活的教与学时空更加普遍,人工智能在学校的渗透更加深入(见图 2-3),非面对面的人际交互更加真实,基于大数据的过程监控更加智能,精准匹配的个性化、差异化学习成为常态。

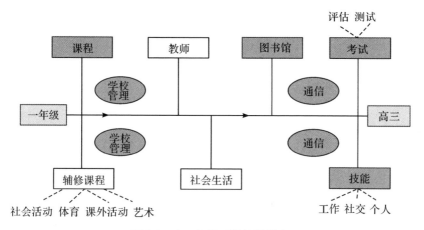

图 2-3　人工智能对学校的影响
(灰色深度代表影响程度)

(二)学习个性化

在线教学使学生的学习方式发生了重大变化,学生学习的即时性和个性化特征表现更加突出,线上学习、居家自主学习、一对一双向交互的学习方式将常态应用。学习组织形式从集体学习转向自主学习。师生时空分离的在线学习需要学生具备更多的自觉性和主动性。原有固定学习空间得到拓展,学生利用移动终端便可以随时随地学习。基于互联网技术与人工智能技术,学生能够与学习同伴或教师建立协同关系,在虚拟环境中开展交流与合作。在学习个性化背景下,新兴技术发展为动态人际互动的环境促进者,在线教育将利用各种策略将学习者与同伴、教师社会性地连接在一起,并关注学习过程,通过各种方式增强学习者社会临场感和促进高水平认知加工,在线教育相关机构也将调整规则和角色来适应学习者、教师及其他利益相关者。

(三)模式多样化

迅速而广泛蔓延的新冠疫情,迫使教育界加快思考未来教育的形态。新冠疫情前,在线学习一直是传统线下教育的补充,此次新冠疫情过后,在线学习与学校教育将深度融合,线上和线下的界限将会变得模糊,线上教育能突破时空限制,促进资源共享,实现教育公平。线下教育更有利于师生交流互动,达到良好的教学效果,后疫情时代打造的线上线下融合的混合式教育模式将是在线教育未来发展的必然趋势。教育部明确提出,通过网络平台、数字电视、移动终端等方式,自主选择在线直播课堂、网络点播教学、大规模在线开放课程(MOOC)、小规模视频公开课(SPOC)、学生自主学习、集中辅导答疑等形式,开展线上教学。在教学方式上,基于信息技术的翻转教学、混合教学、双主教学等创新教学模式将被广泛应用。

(四)平台集成化

在线教育的关键是从过去的经验驱动变成数据驱动的教学。教育是复杂的人际互动,除了向教师学习,也需要与同学切磋,借由同学间的感染力、竞争性、模仿性,深化学习效果。通过人工智能、大数据、云计算等技术,以及超大规模题库、智能备课、互动直播、线上测评、辅导老师工作台等系统平台的集成应用,在线教育突破时空限制,推进优质教育资源普惠,实现人际交互多样化,让教、学、测、练、评全链条数字化改造成为现实,减轻学校教学和家长辅导负担。

（五）机构协同化

新冠疫情使得在线教育的价值得到了体现，让学生更容易享受到优质的学习资源。同时，高于平时数倍的学生和家长需求，对整个在线教育提出了挑战。新冠疫情的发生给在线教育带来了流量高峰，也对教育机构的教学服务和流量转化能力提出了更高要求。新冠疫情期间，教学服务空间发生了根本性的变革。教育系统的关键业务呈现出大规模社会化协同的形态，学校的围墙正在被打破，在线教育与学校教育双向融合的新生态正在形成。随着在线教育进入常态化应用，师生的教与学方式变革创新，对学习平台、资源、工具的需求和技术支持将不断提高，产品研发与服务走向智能化和专业化。今后，各方将进一步加强学校的信息化、网络化建设，促进在线教育和学校教育的统合。在线教育会加快教育系统采取混合教学和混合教育供给模式构建更具灾难应对性的学校教育体系的进程，教育机构、服务机构间协同合作将更加广泛深入。

（六）管理制度化

线上教学纳入学校教学计划与管理范畴。为了与线上教学和居家自主学习相适应，学校教学管理方式也将发生变革。宏观上，加强对线上教学工作的计划管理，把线上教学纳入常态化计划管理，精心计划和组织，结合线上学习的特点确定线上教育目的和教学目标，对线上课程教学计划进行合理安排。微观上，加强对线上教与学过程的管理。线上教学过程的组织实施，涉及课程内容、学习过程、学习效果、质量评价等多个方面，通过对线上教学过程的有效管理，保障线上教学有序开展,通过大数据技术实现基于数据的全过程、可视化评价,确保教师在实施在线教学时,及时掌握学生的学习数据,随时跟踪学生的学习进度,并根据评估数据给予学生个性化反馈,帮助学生调整学习节奏,实现自主、有序、有效学习。将网上互动、网上自主学习和网上合作作为学生信息素养提升的核心,培养信息时代学生的系统思考能力、复杂多变的认知能力、通用技能和创新能力,以及人文情怀和审美情趣。

第三节　我国中小学在线教育发展建议

在线教育的发展受制于教育、技术、政策、市场等多因素的影响。为了解决以上问题,促进在线教育健康发展,经国务院同意,教育部等11个部门于2019年9月联合印发了《关于促进在线教育健康发展的指导意见》,该意见指明了我国在线教育发展的目标与思路。

一、我国中小学在线教育发展指导思想

在线教育是教育服务的重要组成部分,发展在线教育要以习近平新时代中国特色社会主义思想为指导,全面贯彻党的教育方针,落实立德树人根本任务,创新教育组织形态,提升基础设施建设水平,完善在线教育模式,丰富现代学习方式,为加快建设"人人皆学、处处能学、时时可学"的学习型社会服务。这个指导思路明确了在线教育作为教育

体系中的一部分，应全面贯彻党的教育方针，构建网络化、数字化、个性化、终身化的教育体系。

二、我国中小学在线教育健康发展策略

(一)提升教育信息化基础设施建设水平

抓住国家"新基建"契机，认真落实《教育信息化2.0行动计划》，大力实施网络扶智工程攻坚行动，大力支持贫困地区教育信息化发展，加大农村、边远地区基础设施建设力度，补齐短板，高度重视弱势群体学生终端设备和网络环境配置，大幅提升在线教育的基础设施建设水平，有效促进弱势群体学生在线教育公平，消除新冠疫情期间暴露出来的教育信息化基础设施和网络环境建设上的漏洞，缩小城乡不同学校和不同群体之间因"入口"的不公平带来的新的数字鸿沟。可借鉴发达国家的成功经验，中央和省级政府优先发展城乡边缘地区和农村地区的教育信息化，对城市家庭经济困难的学生和农村偏远地区的学校做信息化投入倾斜。将城市家庭经济困难学生和农村小规模学校学生的上网设备纳入新一轮脱贫攻坚计划，保证更多的相对贫困学生的切身利益，使城乡弱势群体同样也能享受到优质的在线教育资源，帮助他们尽快顺利跨越数字鸿沟。进一步完善中小学在线教学平台建设，运用大数据对学生在线学习学业水平情况和在线学习过程进行监管，完善在线教学远程监控功能，保障在线学习的效果。

(二)扩大优质在线教育资源供给

从2000年教育部决定在中小学实施"校校通"工程，到2012年开始实施的"三通两平台"行动计划，再到2014年中央电化教育馆开展的

"一师一优课、一课一名师"活动,以及 2018 年教育部发布《教育信息化2.0 行动计划》提出"三全两高一大"的发展目标,我国基本解决了中小学在线教育资源紧缺的问题,但是优质资源的缺乏问题依然比较严重。目前,中小学在线教学资源供给形式多样,但教师、家长和学生对个性化、优质化在线教育需求强烈,在线教育资源供给"众口难调"。从教师使用的在线资源来看,教师自制资源和国家中小学网络云平台是教师使用最多的资源;从学生使用的资源来看,国家教育云平台、校本资源、区域统一组织师资特别录制的资源是新冠疫情期间学生在线学习采用的主要资源。众多的学习平台虽然在功能模块上较为完整,但在线学习平台的易用性、交互支持等方面参差不齐,很难满足在线学习者个性化、优质化的需求。因此,尽管目前在线教育资源和平台很多,但一些地方学校和教师仍难以获得优质的在线教育资源。教育部 2021 年工作要点明确指出,要完善国家数字教育资源公共服务体系,深化网络学习空间应用普及行动,加快推进教育信息化高质量发展。

可考虑政府供给、市场供给和个人供给并举的原则,为中小学生在线学习提供形式多样且具有个性化、优质化的在线教育资源。健全政府购买教育服务机制,充分发挥企业和社会组织参与建设优质在线教育资源的积极性。鼓励社会力量成立在线教育机构,支持互联网企业与在线教育机构充分挖掘新兴教育需求,满足多样化教育需求。推动学校加大在线教育资源的研发和共享力度,加快线上线下教育融通,扩大优质教育资源的辐射面。鼓励学校、科研院所、企业等密切合作,推进在线教育产学研用一体化发展。

不管是政府、企业还是个人,在开发在线教育资源时都要充分考虑学生的年龄阶段、个性、学习习惯和认知能力等特征,针对不同的学生群体制订不同的开发计划。做好在线教育资源的整合、梳理和遴选工作,精心遴选和推荐适合学生的优质资源,切实减轻学校收集和整合资源的负担。同时要加强音乐、体育、美术和综合实践等非主干课程的建设,促进中小学在线课程多样化。结合学生的特点和兴趣爱好,学校和教师要为学生提供内容齐全、形式多样的在线教育资源,让学生根据学习偏好和学习兴趣进行选择,以提高学生在线学习的积极性。

（三）构建在线教育质量保障与评价体系

教育评价对教学具有导向作用,指导着教学活动,有助于提高教学质量。教育评价是教学质量高低的评判标准,引导教育质量往更高水平发展。在线教育在评价依据、评价主体、评价内容和评价方式上都要做出变革,注重学生的发展,建立健全教育评价机制,发挥教育评价的引导作用,有效提升教育质量。

当前,在线教育在基础教育系统中尚处于边缘状态,往往以被动的方式参与学校教育,在线教育的效果尚未完全被认可。未来,在线教育将成为 K-12 教学的重要构成部分,其核心竞争力的关键在于内容,在线教育要赢得未来,要实现长远发展,就要把好质量关,回归教书育人、启迪智慧的本职功能和核心竞争力,并构建科学的认证与评价体系以保证在线教育的质量和效率。对于在线教育机构,无论融资规模有多大,都不能背离教育的初衷,要把精力放到教学研发上,守住服务的质量底线,为用户提供有价值的产品。当在线教育成为教育基本公共服务甚至是学校教育的一部分时,基于在线教育的课程与教学则需要向正式教育转化。只有在线教育被纳入正规教学管理体系，才能保证在线教育融入正规教育系统的正当性与合法性，成为在线教育长效发展的持续动力。对当前的学校教育而言，在线教学质量评价体系，尤其是大数据的线上线下融合教学质量的评价体系，是解决常态下学校教育开展混合式教学需要解决的重点难题，是保障混合学习教育质量的有效工具。

(四)提升在线教育师生信息素养

我国的教师信息技术能力提升工程和学生的信息素养培养工作一直做得比较好，但绝大多数师生所熟悉的是在教室内的信息化教学，或是部分拓展至线上的混合式教学，较少全程开展师生分离的在线教学。在线教育是另外一种教育形态，其教学组织和实施都发生了根本性改变，也形成了全新的教学生态。新冠疫情防控时期的在线教学是对师生信息素养的一次大考。一些发达国家较早开展了信息技术与课程内容深度融合、人工智能支持的课程评价、人工智能支撑下的跨学科课程等探索与实践，面临此次新冠疫情，他们第一时间便进行在线教学，实现无缝对接，教师开展在线教育显然是有所准备的；但在我国，人工智能、大数据、物联网等先进技术并没有深度融合到教育教学中，教师面对在线教育，难免力不从心，学生也不太适应，以致新冠疫情期间的在线教学各种状况频出。

为保障在线教学质量，师生的信息素养提升是关键。教师需了解在线教学的理念和思想，关注在线教学能力的提升，注重信息化思维养成和具体教学情境下混合式教学技能、方法和策略的培训，掌握在线教学的新兴技术、教学组织方法、课程设计策略、教学监管及师生互动方式，提高信息技术与教育教学深度融合的应用能力和应变能力。开展相关培训，培养教师利用新技术开展个性化教学的能力，增强教师在信息化环境下创新教育教学的能力和学生的在线学习能力，提升应用数据开展教学和评价的能力，提升教师指导学生开展在线学习的能力，同时重视学生自主学习能力培养，全面提升信息素养，以适应在线教育的发展和教育教学的内生需求。

（五）加强在线教育应用研究

在线教育虽然不是新生事物，但目前对于在线教育的理论、模式和管理方面的应用研究仍然不多，很多时候在线教育延续着传统教育思维。在线教育在精准对接教育新需求、变革教育服务供给方式、解决传统教育难题和拓展教育发展新空间等方面拥有巨大潜力。受互联网思维的影响，在线教育出现了众多区别于前几代远程教育的现象。"互联网＋"时代的在线教育遵循知识共建共享规律，模糊了师生之间的界限，形成了有别于传统学校教育的知识传播体系。另外，在线教育是运用互联网、人工智能等现代信息技术进行教与学互动的新型教育方式，是教育服务的重要组成部分，一方面在线教育可以有效促进教育公平和提升教育质量，另一方面可能会造成新的数字鸿沟和进一步扩大教育质量差距。因此，按照传统教育的思维去考量在线教育是行不通的，需加强在线教育理论研究和应用创新。对基础教育而言，中小学生正处于认知发展的成长期，他们需要更多的面对面交互交流或群体活动来获得认知发展，基础教育中的在线教育主要以补充、拓展或定制的形式参与学校教育,打破课堂教学和学校教育的时空、资源等的限制,让精准、个性化的教学服务成为可能,改变当前基础教育"齐步走"的现状。在线教育的管理规范需要同步推进,包括在线教育服务标准、准入条件、质量评估、共享与互认制度等。

(六)完善在线教育发展政策

从 2012 年开始,我国在线教育行业市场规模开始了"野蛮"式的增长。大企业和小作坊同时并跑,导致在线教育资源良莠不齐;相当一部分在线教育企业通过不断突破底线获取流量,导致问题丛生。为规范在线教育市场,促进在线教育服务模式不断创新,回归教育的初心,政府对在线教育的监管不断趋严,教育部提出众多规范在线教育的监管策略,这点可从 2018 年 12 月《关于严禁有害 App 进入中小学校园的通知》,到 2019 年 9 月《关于促进在线教育健康发展的指导意见》,再到 2021 年 2 月教育部联合五部委联合印发《关于大力加强中小学线上教育教学资源建设与应用的意见》等一系列文件看出。在此背景下,需加强在线教育监管和形成多元的在线教育管理服务体系,可从保护消费者权益、创新管理服务方式、构建在线教育发展政策、加强部门协同监管和强化行业自律 5 个方面对在线教育的管理与服务进行全面布控。一是保护消费者权益,明确在线教育服务提供规则,畅通消费者投诉渠道;二是创新在线教育的管理服务方式,强化实时监测和风险预警;三是构建在线教育发展政策,落实财政支持政策,完善在线教育准入制度,建立内容、师资、机构规范化准入体系,加快建设教育专网,国家层面搭建好优质免费的学习平台,完善政府购买优质在线教育资源与服务的相关制度,完善在线教育知识产权服务和保护体系;四是加强相关部门协同监管,加大对在线教育机构的信息归集和部门之间的数据共享力度,做好"入口审核",担责审核在线教育机构的办学理念、课程方案、教学实施和效益评价等;五是支持在线教育行业组织建设,强化行业自律,引导行业健康有序发展。未来,相关政策需进一步落实对在线教育的监管,实施增量管控、调整存量、限制总量,围绕在线教育的资金、广告、内容和师资等方面做文章,以确保我国中小学在线教育健康发展。

第三章　融合与重构：
中小学在线教育质量评价原理

本章系统梳理在线教育质量观、在线教育理论基础、在线教育模式、在线教育运营、在线教育质量评价等，为下一步在线教育质量评价标准分析与评价体系建设、质量风险防范、质量保障机制建设等提供理论依据。

第一节　在线教育质量观

在线教育质量观的不同会导致质量标准的不同，根据教育满足学习者个体发展和社会对于人才需求的程度，常见的质量观可分为两大类：一是以过程为导向的质量观，注重过程当中的服务和增值，主要分为标准性质量观和同一性质量观；二是以结果为导向的质量观，注重培养目标和社会效益，主要分为增值性质量观、目标性质量观和市场性质量观。[①] 这些质量观体现了不同主体认识和评估在线教育质量的不同立场和视角，有些关注在线教育结果质量，有些关注在线教育过程质量。

一、以过程为导向的质量观

（一）标准性质量观

标准性质量观强调过程导向，从服务过程出发，认为过程达到标准是质量的体现，质量标准是实施过程管理和目标管理的准则，是教育质量评估和监控的依据，这个标准涉及在线教育的各个环节，对整个在线教育的过程进行把控。通常情况是先由权威机构制定相关的标准，对在线教育进行约束和引导。只有制定相应的标准（如在线课程标准和在线教师标准），按照标准操作，才能确保各个环节的质量达到最终的质量标准。

（二）同一性质量观

同一性质量观认为在线教育与传统教育的教育目的是一致的，只是教育手段和方式方法有所不同，在线教育理论上同样可以达到甚至超过传统教育的质量，关键在于在线教育过程中对于各个环节的质量保障是否可以做到符合相关标准，如在线教育过程中涉及的学习环境、

---

① 陈丽、沈欣忆、万芳怡、郑勤华：《"互联网＋"时代的远程教育质量观定位》，《中国电化教育》2018 年第 1 期，第 15—21 页。

课程资源、支持服务等。同一性质量观和标准性质量观是相辅相成的（见图 3-1）。在"互联网＋"时代，很难清晰区分传统教育和在线教育，传统教育中越来越多地使用了在线教育的教学手段和教学资源，在线教育也不再是独一形态的教育，各类教育的界线日趋模糊，尤其是终身学习和学习型社会提出以来受到全社会的重视和关注，线上线下融合将是教育常态，坚持同一性质量观是在线教育的未来发展之路。

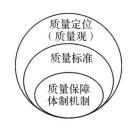

图 3-1　质量观与质量保障

二、以结果为导向的质量观

（一）增值性质量观

增值性质量观是以学习结果为导向，体现以学生为中心的思想，参照对象是学生学习前的状态。从学生角度出发，体现在学生学习之后各方面的改变和进步，如通过在线学习，学生掌握了什么知识和技能，只要学生有进步，就认为具有好的教学质量。

（二）目标性质量观

目标性质量观也是以结果为导向的质量观，对质量的判断就是对结果的评估和测试，参照对象是学习目标、教学目标或培养目标。从目标出发，认为只要学生达到了预期的目标，就是有质量的教学。

(三)市场性质量观

市场性质量观认为质量是动态变化的,在线教育质量不是满足某个固定的标准或目标,而是在不断变化。社会政治、经济、文化变了,教育需求也会变,对教育质量的要求也会跟着改变。从社会效益出发,只要学生能满足社会或市场的需求,教育就是有质量的。

第二节　在线教育理论基础

一、在线教育的本质与特征

在线教育也是教育,但由于新媒介应用与教育时空发生了变化,在线教育的本质与特征也发生了变化。

(一)在线教育的本质

在线教育是远程教育的一种形式,是一种师生时空分离,基于媒介的教育教学实践。这种教育教学实践与能够直接、实时、连续互动的课堂教学相比,区别就是教的行为与学的行为在时空上分离。时空分离具有灵活性的优势,它不要求教师跟学生同时到教室,它可以让更多的人同时学习。所有的在线教育教学活动都有这 2 个特征,并且教育教学活动的好坏,主要不是取决于教师是否讲解清楚,而是在于教的行为是否有效地促进学的行为,在于教的行为和学的行为相互作用的程度和成效。在时空分离的情况下，在线教学的关键点是怎么保证教的行为能够对学的行为真正起到促进作用。因此，在线教育的本质是向施教者、受教群体提供必要的教与学的资源支持与服务管理。

（二）在线教育的特征

1.在线教育的教学特点

在线教育具有独立性、自主性和新环境的特点。在线教育强调学习者在新环境（基于在线教育平台、在线教育工具、在线教育资源等新学习环境）中开展学习，在线教育过程中通常没有老师的连续关注和同伴支持，需要独立开展自主学习，不同年龄段具有不同的适应性，强调自我管理学习过程和自我导向的学习。在线教育最大的挑战就是学生的自主学习能力。自主学习能力是在线教育的必备条件，也是在线教育结果的部分体现。在学生在线自主学习的过程中，需以学生为中心，关注学生的准备情况，要根据学生的特点来设计适合的学习活动，支持和管理学生。

2.在线教育的教学交互

在线教育的教学交互通常有3种方式：一是与教师进行交互，通过直播平台或微信等工具；二是与学习资源进行交互；三是学生之间或学习共同体之间进行交互。这些教学交互方式，与课堂教学有相同之处也有不同之处。相同的是都存在与教师和学生的交互，但是由于时空分离，学生对交互的感觉弱化了很多。或许随着人工智能技术、沉浸式技术等新技术的广泛应用，虚拟空间中的交互感觉会有所变化。

3.在线教育的学习空间

在线教育的学习空间就是网络学习空间，是传统课堂之外的一类重要学习场所,网络学习空间作为智能化、联通化、共享化的虚拟学习平台,具备资源共享、协作交流、学习过程的数据化等功能,能够满足学生、教师、家长、管理者,以及教育机构或学校参与其中,支持构建网络化、数字化和个性化教育新生态。在线教育的学习空间是虚拟的学习空间,学习空间的建设依据是在线教育活动的有效、有序和安全开展。

二、在线教育相关理论基础

根据在线教育的本质和特征,目前对在线教育影响较深的学习理论体系主要是行为主义学习理论、认知主义学习理论、建构主义学习理论、分布式认知学习理论和联通主义学习理论。理论应用变化体现 2 个特点:一是行为主义、认知主义到建构主义的跃迁革新了人们对个体获取知识的经典观点;二是建构主义到分布式认知、情境认知、联通主义的跃迁使得人们关注到个体所在环境与社会对个体认知的影响。这些理论为在线教育的设计和实施、在线学习的资源开发、环境设计、活动设计、在线交互,以及在线学习与传统学习结合等提供了很好的理论依据。

(一)行为主义学习理论

行为主义学习理论主张学习是一种渐进的进程,强调学习结果的可观察性和可评估性,学习的关键是强化。在线教育发展初期,行为主义理论的指导对在线教育基础平台搭建和学习环境建设起到了至关重要的作用,早期在线教育平台的搭建着重于教学目标的完善和在线教学评估工具的开发,后期对学习环境给予学生带来反馈的重要性促进了在线教育信息交流工具的不断完善和研发。当前在线教育中以微课形式进行的课程设计,方便学生有选择性、有针对性地反复观看和反复学习,使得学习过程中遇到的难点可以进行反复地强化学习。通过在线教育过程中加入的教学检测,如在线课程中设计的专题测验、单元测验、习题库等,使得学习者可以随时对自身的学习效果进行检测,并得到及时的选择性强化。

(二)认知主义学习理论

认知主义学习理论的代表是加涅(Gagne)的信息加工学习论。在加涅的信息加工学习论中,学习的发生同样可以表现为刺激与反应。刺激是作用于学习者感官的事件,而反应则是由感觉输入及其后继的各种转换而引发的行动,反应可以通过操作水平变化的方式加以描述。但刺激与反应之间,存在着"学习者""记忆"等学习的基本要素。学习者不断接受各种刺激,被组织进各种不同形式的神经活动中,其中有些被贮存在记忆中,在做出各种反应时,这些记忆中的内容也可以直接转换成外显的行动。①

信息加工模型呈现了人类学习的内部结构及每一结构所完成的加工过程,是对影响学习效果的教学资源重新合理配置、调整的一种序列化结构(见图3-2)。在这个信息流程中,加涅主要强调了3点:一是强调学习是学习者摄取信息的一种程式;二是强调学习者自发的控制和积极的预期是制约教学有效性的决定因素;三是强调反馈是检验教学效果的手段。在线教育过程中,如果要应用这种信息加工理论来指导教学,就要求在线教育的各个环节能够把握住信息加工过程中的每个

---

① 刘晓明、王丽荣:《学习理论的新发展及对现代教学的启示》,《外国教育研究》2000年第4期,第19—23页。

阶段。而这其中的每一个环节，学习者的大脑内部都在不断地进行复杂的信息加工。所以在进行教学设计的时候，是否做到每一个环节都能够使学习者正确地进行这种信息加工，将直接影响到在线教育的成败与否。基于认知主义学习理论，在线学习在一定程度上可以帮助学习者控制学习内容、学习顺序、学习进度和学习时间，并能够按照他们自己的经验，来达成某个学习目标。认知主义学习理论促进了在线教育信息的合理碎片化，方便学生吸收教学内容，如在线教育中经常把一整个教学长视频切分为若干个短视频，以此帮助学生分阶段地、深入地学习教学内容。近几年在线课程资源建设中要求教学视频以微课视频的方式出现，就是体现了知识的碎片化处理。

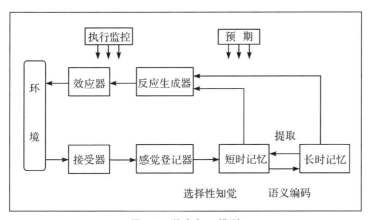

图 3-2　信息加工模型

(三)建构主义学习理论

以让·皮亚杰(Jean Piaget)、维果斯基(Lev Vygotsky)等为代表的建构主义学习理论最典型的观点就是"知识不是被动接受的，而是认知主体积极建构的"，所以建构主义学习理论认为，学习不是被动接受的过程,知识不是由教师向学生的传递,而是学习者在一定的情境即社会文化背景下,借助其他人(包括教师和学习伙伴)的帮助,利用必要的学习资料和学习资源,通过意义建构的方式而获得的。建构主义学习理论的核心就是以学生为中心,强调学生对知识的主动探索、主动发现和对所学知识意义的主动建构。

在建构主义的学习理论中,学习环境是一个非常重要的概念。建构主义的学习环境重视反思性实践,并建构结合具体情境和具体内容的知识,通过社会协商给集体协同建构知识予以支持。在这种环境下:学生主动参与学习和研究;教与学关系相对开放;教学方式是互动式,以学生的情况和疑问为主;教师创造出一种"学生向自己负责"和"学生自我管理学习"的学习过程;学习以"解决问题""批判性理解知识"和"教师起指导作用"为关键。基于建构主义学习理论的基础,在线学习将教育与互联网技术相结合,以实现增大知识量、加速信息传递、提升知识转换和交换效率的目的,并最终产生和建构新的知识。建构主义学习理论把协作式学习带入了在线环境,丰富了在线教育的互动教学活动。

建构主义学习理论影响下的在线教育让学习者的知识建构过程更加分明,通过视频等形式呈现出教学内容,有利于让学习者更好地发挥主体作用,激发学习者自主学习的兴趣。学习者依据自身的兴趣、知识水平等选取本人喜欢或适应的课程进行自主学习。在线教育的平台和课程设计中,都会以学习者为优先考虑条件,从学习者的兴趣和需要入手,调动他们的学习热情,使其能够充分投身到在线学习中,以此来提高在线学习成效。

(四)分布式认知学习理论

建构主义主张以促成能动的知识建构为目标来设计适合"知识建构"的学习环境,以满足学生的自我认知和个性化学习需求,建构主义关注个体的知识建构甚于交互作用的过程,强调个人的主观能动性,而对合作情境中认知的外部表征和问题解决关注较少。分布式认知学习理论则是基于网络时代或移动学习时代特征而提出的新学习观。分布式认知是由加利福尼亚大学的赫钦斯(Hutchins)于 20 世纪 80 年代中后期提出来的。他在传统认知观点(认为认知是个体级别上的信息加工过程)的基础上,指出认知的本性是分布式的,认知现象不仅包括个人头脑中所发生的认知活动,还涉及人与人之间,以及人与技术工具之间通过交互实现某一活动的过程。分布式认知学习观认为:认知分布于个体和个体之外的环境中;个体认知是在分布式认知系统中不断变化趋于稳定的过程;交流是学习产生的必备条件(交流是学习产生的必备条件,认知系统中的不同成员有不同的经验背景,对于同一知识会产生不同的心理表征,分享的过程能够让各自的认识清晰化、准确化);外部工具促成分布式认知活动。分布式认知学习观可以成为网络时代学习与教学的理论依据,与网络时代的特征高度契合,成为解释网络时代学习和教学的最佳理论基础。

分布式认知学习理论提出了一种考虑认知活动全貌的新观点,注重环境、个体、表征媒体间的交互,强调分布式要素必须相互依赖才能完成任务。个体的认知是在与同伴、课程指导教师及共同体专家成员的交往中形成的,受共同体所提供的资源的限制,受共同体文化价值的影响。学习者带入共同体的技能与兴趣,则会使指导教师安排或调整共同体的学习任务并提供相应的资源。文化价值和期望则会受共同体成员及成员间交互的影响。

分布式认知学习理论认为知识存在于不同的场所,认知分布于人脑与外部环境中,特别存在于社会和文化的结构和时间中,并强调学习资源的"去中心化",学习活动更多是通过个体间的相互作用,以及他们与媒介、环境等之间的交互活动来进行,因此强调对交互活动的支持。①

关注认知活动对于情境的依赖性和分布性特征,同时关注个体在解决问题时发生于个体内部、个体之间,以及个体与环境之间的有效交互作用,如在网络学习空间建设时,为了保障有效学习的形成,网络学习空间将借由自身所具备的社交网络平台、知识网络平台和工具支持平台,为学习者提供有效的社会互动环境。分布式认知学习理论跳出了传统认知强调个体认知的局限,认为认知存在于学习资源、学习环境、学习者使用的工具、学习者之间的交互及所有学习者之中,这要求设计课程时不仅要关注学习资源、媒介工具的设计,更要关注活动及交互的设计。

(五)联通主义学习理论

2005 年,加拿大学者乔治·西蒙斯(George Siemens)在《联通主义:数字时代下的学习理论》一文中提出联通主义学习。该理论产生于信息量庞杂且碎片化、知识更新周期大大缩短的网络时代,联通主义学

---

① 张伟、陈琳、丁彦:《移动学习时代的学习观:基于分布式认知论的视点》,《中国电化教育》2010 年第 4 期,第 21—25 页。

习理论作为互联网、社会媒体等技术快速发展,以及知识更新速度日益加剧背景下催生出的重要学习理论,对在线教育的影响深远。联通主义学习理论最基本的观点是与学习相关的 8 条原则[①]:学习和知识存在多样性的观点中,多样性观点不仅来源于课程创建者所创建的学习对象,也存在于学习者与内容互动时所留下的批注、评论等内容;学习是在特定的节点和信息资源建立连接的过程;学习也可能存在于物化的应用中;学习能力比掌握知识更重要(学习评价导向);为了促进持续学习,需要培养和维护连接;发现领域、观点和概念之间关系的能力是最核心的能力;流通(准确、最新的知识)是所有联通主义学习的目的;决策本身是学习的过程。可见,联通主义学习理论强调学习和知识的网络分布性,学习的联通性、多样性和过程性特征,认为开放联通的网络时代学习者应具备的能力是持续学习能力,以及在相关情境中应用所学知识的能力。

联通主义学习理论使从事在线教育的教育者意识到,联通对于学习者的重要性。教育者不仅要帮助学习者联通各个网络数据库,还要不断尝试让学习者之间互相联通。在线教育中,各种搜索引擎、检索系统和电子词库不断被研发和运用;与此同时,强化各种形式的交互开始成为各种在线课程教学设计中的重中之重。

联通主义学习理论对师生和课程进行了重新定位,认为教师是课程的促进者、课堂的影响者(非主导者),教师的作用是影响和塑造网

[①] 王志军、陈丽:《联通主义学习理论及其最新进展》,《开放教育研究》2014 年第 5 期,第 11—28 页。

络、策划安排学习者的讨论和反思、帮助学习者找到学习方向和梳理零碎知识点;认为学生是依赖自我导向的、积极参与的学习者和内容的创造者,强调学习者的自主性、元学习能力和发现连接能力。对于网络时代的学生来讲,最重要的不是记忆和掌握知识,而是知道如何在网络中找到自己需要的即时而可靠的信息资源。课程更多体现的是非结构化课程,课程内容碎片化,在线开放课程强调学习者自主决定如何参与、采用何种技术建立学习空间和分享或生成学习内容。创建和分享意会后的生成性内容对于交流的发展非常重要。这些生成性内容可以是博客、视频、图像或播客,生成性内容最终构成课程的一部分内容。

联通主义和建构主义均认为网络时代学习面临信息超载和知识碎片化两大挑战,知识以片段的形式散布于知识网络的各个结点,每个人都只拥有这种分布式知识表征的一部分。为应对这一挑战,联通主义和建构主义都强调选择的重要性。联通主义认为:"知识的数量会淹没智慧,知道在知识流中什么是重要的和在明天什么是重要的是关键。"建构主义强调"教会学生如何选择"是当今教师的重要任务,提出"选择"要有效发挥避免信息超载作用,应围绕两个中心进行:一个是以个人需要为中心,即选择那些对个人意义建构有帮助的信息与知识;另一个是以问题解决为中心,即选择那些对问题解决有帮助的信息与知识。联通主义和建构主义均认为,选择主要依赖于个人洞察力(见表3-1)。

表 3-1　联通主义学习理论与建构主义学习理论比较

比较项目	联通主义学习理论	建构主义学习理论
研究对象	网络时代的学习	网络时代的学习

续 表

比较项目	联通主义学习理论	建构主义学习理论
网络时代特征	知识经历了从分类、层级到网络、生态的变革过程,超链接颠覆层级,选择尤其重要	学习面临两大挑战,即信息超载和知识碎片化,选择变得重要
知识观	相对性、变动性、流动性	相对性、变动性
学习观	学习就是建立网络,学习就是联通,管道比内容更重要	学习就是建构,建构蕴含创新,内容与管道同等重要
创新观	创新是学习的一部分	创新是学习的最高目标
学习策略	无具体策略,主张联通、拆散与重组	零存整取式学习策略

"互联网＋教育"有 4 个核心特征:一是先进的教育信息化技术和基础设施,云计算、移动互联、物联网、3D 打印、智能可穿戴技术等设备和工具,云、网、端一体化的数字化、智能化基础设施,为教育创新和发展提供了支撑;二是教育大数据与信息资源不仅改变了教育的运作模式和人们的学习方式,甚至引起教育研究模式的改变;三是新的学习空间,以互联网为基础,利用信息通信技术与各领域、多维度的跨界融合,形成了互联互通的社会网络关系,虚拟世界与现实世界的边界越来越模糊;四是新的教育业态体系,在互联网的促进下,新分工、新体制、新机制正在形成,教育信息的创造、复制和传播都在提升。联通主义可看作一种面向网络时代的"学习观"。联通主义作为一种学习理论,承认学习的显性、隐性,直接、间接,外部、内部特性。相比其他学习理论(见表 3-2),联通主义学习理论是深入认识"互联网＋教育"时代在线学习规律和设计在线教育的前瞻性理论,教学交互与跨界融合是联通主义学习的核心与取得成功的关键。

表 3-2　各在线教育学习理论对学习的理解对比

理论	学习是如何发生的？	哪些因素会影响学习？	记忆扮演什么角色？	转化是如何发生的？	理论可解析哪类学习？
行为主义	关注可观察到的行为	奖励、惩罚、刺激	重复经历的连接（奖励与惩罚影响力）	刺激、反应	任务导向的学习
认知主义	通过结构化程序产生	图示及先前经验	编码、存储、提取	复制他人知识结构	推理、明确目标、解决问题
建构主义	社会及每个学习者建构意义	投入、参与、社会、文化	先前知识在当前情况中呈现	社会化	社会、模糊（定义不清）
分布式认知	个体间及个体与环境间交互	学习共同体环境	适应与应用	交流与分享	合作学习
联通主义	分布于网络社会中，技术促进，模式识别	网络的多样性	自适应，当前状态呈现，存在于网络	连接（建立节点）	复杂多变和多样化知识来源学习、项目式学习等

在线教育是"互联网＋教育"的实践应用体现，面临知识新内涵、学习新机理、教学新结构新模式、教学新规律、教学组织新方式、学校新形态、供给新模式、教育新业态、研究新范式和治理新体系等学术问题[①]，需创新教育教学理论。互联网创设了一个更加开放、自由、平等和互联互通的学习空间，原有教与学过程中"一对一、一对多"的简单交互转变为"多对多"的复杂交互，加剧了教和学行为的不确定性、无序性和多层次性，联通主义学习理论成为新的学习机理，在线教与学呈现的新现

[①]　陈丽、徐亚倩：《"互联网＋教育"研究的十大学术新命题》，《电化教育研究》2021 年第11 期，第 5—12 页。

象、新问题和新规律需要运用新的视角、思维方式和研究方法去研究与揭示。另外,在线教育促发了教师职能的分化,教学设计、平台运维、资源开发、学习支持服务、课程组织和课程讲授等各个环节往往由不同专业人士负责,由"全能教师"转型成为"多角色、多层级的复合团体",由此催生了新岗位,如教学设计师、在线学习服务师等。教育供给模式的变化需明确以下几点:不同供给主体的角色、作用与协作机制如何?如何丰富供给内容并调整供给单元和方式以优化供给成效?如何构建在线教育治理新体系?

第三节　在线教育模式

一、美国 K-12 在线教育模式

在美国,有近 75% 的州为学生提供了在线教育,在线教育对于促进基础教育优质均衡发展、推动课堂教学改革、应对师资或课程缺乏、提供选修或补习机会、解决学习时间冲突等现实问题具有重要意义。佛罗里达州是美国第一个通过立法确保所有 K-12 公立学校学生有权选择在线课程进行学习的州,拥有美国第一个也是全美范围课程注册量最大的州立虚拟学校。从在线教育的提供方来讲,美国 K-12 在线教育主要有州层次的在线教育项目、学区项目和私立在线教育 3 种形式。

从具体的开展形式来看,大致有虚拟学校项目(包括州立、学区和学区间 3 个层次的项目)和全日制在线学校 2 种类型的在线教育形式。按照参与主体和学习形式的不同,美国的 K-12 在线教育可以分为转换模式、弹性模式、菜单模式和增强型虚拟模式 4 种在线学习模式。

(一)转换模式

转换模式指学生按照固定的时间表或听从教师的安排在任一课程或科目中进行转换,而在这些学习模块当中,至少有一个模块是在线学习。通常在课堂教学中,学生会在在线学习、小组学习或课堂作业、课内试验等项目中进行转换。我们所说的翻转课堂就是转换模式的常用类型,也是最受学术界关注的类型。

(二)弹性模式

弹性模式下,学生可以在在线学习和面对面学习之间自由选择与转换。学生可以根据自己的需要,学习弹性课程的各部分内容,最终完成课程学习,获得相应的学分。

(三)菜单模式

在美国高中阶段最常见的混合式学习模式就是菜单模式,这种模式包含所有学生要在实体学校中通过完全在线方式修完的课程。如社区高中如果没有开设汉语课或物理课,那么学生便可以在学习学校常规课程之外,在自修课或放学后在线学习这些课程,获得相应的课程学分。美国大约有 16% 的 K-12 学生注册过至少一门在线课程,在 86% 的学区中至少有一名学生注册过全日制在线课程或混合课程。这种模式解决了美国基础教育领域教师资源缺乏、AP 课程教学资源缺乏等诸多现实问题。[①]

(四)增强型虚拟模式

这种模式的课程会提供必修的面对面学习部分，类似于线上线下混合学习模式，但学生可以在自己喜欢的任何场所在线完成课程的其余部分。

二、我国中小学在线教育模式

我国中小学在线教育的发展经历了 2 个高峰期：一是 2000 年之前的名校网校期；二是 2010 年后的移动学习期，其间新冠疫情导致的"停课不停学"把中小学在线教育推向高速发展的进程。在线教育的模式从最早的完全在线自主学习发展到了现在的多种形式并存，这些变化与经济社会文化环境密切相关，也与国家倡导的基础教育高质量发展有关。

(一)完全在线自主学习

完全在线自主学习的关键是学习资源，学生根据自我需求，基于学习资源开展自主学习。北京四中(北京市第四中学)网校是北京四中所附属的远程教育机构，它通过先进的网络技术、开放的学习平台和北京四中的教育资源，向全国的中小学生提供远程的学习辅导和课堂实录。

(二)全日制在线学习

全日制在线学习源于成人的网络远程教育，即学生通过远程教育

---

① 刘晓琳、胡永斌、黄荣怀、艾雷森·鲍威尔：《全球视野下美国 K-12 混合与在线教育的现状与未来——与 K-12 在线教育国际联盟副主席艾雷森·鲍威尔博士的学术对话》，《现代远程教育研究》2015 年第 1 期，第 3—11 页。

机构,如学而思网校(为 6—18 岁孩子提供小初高全学科课外辅导,以及为 2—8 岁孩子提供启蒙课程)等,参与在线学习,但我国的全日制在线学习实质上还是课外辅导,与美国的菜单模式不同。我国中小学生自行(家庭行为)通过网校进行的在线学习是没有学分的,即正式学校不认可在线学习的课程学分。不过,如果是地方教育部门或学校安排,要求所有学生参与的某门课程或专题的在线学习,学校是认可学分的,如近年来较多高中要求新生在暑假在线完成学校安排的部分课程学习。

(三)学生进行补充学习

补充学习类似于课外辅导或家教,学生根据个人需要,通过市场购买教育服务,这是一种垂直性教育服务,如一起作业网、猿题库、百度作业帮等。

(四)师生利用在线教育开展混合教学

随着在线教育的发展,越来越多的中小学在线教育平台可供学校选择,大部分教育平台,如梯子网等,都为中小学提供优质的教育资源共享平台,为教师提供强有力的教研工具,同时通过学生在线测评、作业答疑等功能,为学生提供个性化的学情诊断和学习计划,满足学校开展线上线下教学融合的需求。

三、中美 K-12 在线教育模式异同

(一)出发点不同

美国 K-12 在线教育的目的主要在于弥补线下学习不足,提供获取学分和提升能力的机会,解决教育公平与个性化学习问题。我国中小

学在线教育主要是为了辅助提升学习效果,取得好成绩。新冠疫情期间的在线教育主要是解决"停课不停学"的问题,目的的不同导致在线教育模式的差别。2021年我国"双减"政策出台之后,中小学的在线教育模式可能会有所变化。

(二)学习资源来源不同

中美 K-12 在线教育机构的教育模式和用途有些许相似之处,都是为学习者或线下学校提供自主开发或整合的教学资源,为学习者提供在线课程或辅助工具,但资源来源有所区别。美国中小学或学生开展在线教育的学习资源主要来源于在线教育公司(如美国 K-12 公司)提供的教学资源、在线课程和管理工具,以及虚拟学校(如佛罗里达虚拟学校)提供的课程资源。我国中小学师生开展在线教育的课程资源主要来源于国家基础教育资源网免费提供的各类学科课程资源,学生自行开展的在线学习资源主要来源于市场化的在线教育机构,且以作业辅导、题库练习、在线家教、素质教育等方式居多。

(三)教与学形式多样

我国中小学在线教与学目前主要有录播、实时直播、面授直播、一对一面授、题库学习等几种形式。受制于资源开发、技术条件和网络环境,早期的在线教与学以录播形式居多,教师的讲课一般会由技术人员录制,经过精心编辑制作后发布到网上,供学生观看学习,大家熟悉的精品课、慕课、公开课、优课、微课等常采用这种形式。录播的课程资源对学生没有学习时间、地点、空间的限制,灵活性较高,但这种课程对学生自学能力的要求相对较高,不能实时答疑,互动性不强。

实时直播与线上平台直播类似。实时直播时效性强,师生互动较好,能调动学生的参与热情,这是"停课不停学"期间学校教师常采用的一种形式。教师和学生通过某教学平台在约定的时间同时参与教学活动,教师居家通过在线教育平台讲课、答疑、辅导,学生居家通过在线教育平台参与虚拟课堂教学活动。这种教学活动一般以班级为单位开展,不受学习地点和空间的限制。这种形式的在线教学对教师的信息技术应用能力和在线教学组织能力要求非常高,对学生的信息素养和自制力要求也高。

面授直播(也叫"同步课堂""专递课堂")是课堂面授和直播同时进行的在线教学形式,主要是解决边远地区师资不足和教育不均衡的问题。优秀教师在课堂进行实时教学,课堂教学实时直播到需要的学校,供学生远程观看、学习、讨论。所以,这种形式有传统教学和直播教学的优势,教师和学生有实时互动,能实时答疑,只要网络允许,参与学习的学生人数一般是没有上限的。这个思路主要源于开展西部地区中小学现代远程教育时的做法,面授直播最大的条件限制是网速。

一对一面授就是一个教师在线上与一个学生开展的教学活动,类似于线下的家教模式,只是移植到了网上开展(在线家教),学生按时间支付费用。这类在线教学形式在语言类教学方面应用较多。

题库学习实际上是基于 App 开展的自主学习,通过海量的题库资源,以题库软件进行刷题练习,掌握相关的知识点,其最终目的是提高学习成绩。

(四)结果可预见

K-12 在线教育具备一种潜力,即通过为学生提供具备优秀教师和优质资源的开放教育，从而极大地改变一个国家中每一个学习者的受教育体验。当然，由于经济发展水平、政府支持力度、基础设施建设水平和地域创新程度的不同，K-12 在线教育的潜力在不同国家和地区发挥的程度也可能有所不同，但最终的结果是教育均衡和教育质量得到提升。

第四节　在线教育运营

一、在线教育运营主体

中美国情不同，在线教育的运营主体与形式也有所差异，但目的都是为了提供优质的在线教育。

（一）美国 K-12 在线教育运营

美国 K-12 在线教育没有以国家为名义开展的项目，美国联邦政府只是负责整体法律政策的制定，以及部分财政资金的投入，不直接参与到 K-12 在线教育的运营中。在美国运营一所虚拟的在线学校或是使实体学校拥有部分在线学校的功能，需要各方的共同参与和协调。考虑到州与州情况的不同，关于具体教育政策法律的制定、资金的投入和教育活动的开展，美国 K-12 在线教育的运营都是由州政府的教育部门、学区直接主导参与，一些实力雄厚的公司也会参与其中。根据参与主体和其管理权限的不同,在线教育运营可分为以州政府为管理主体的运营、以学区为管理主体的运营、以公司或专业团体为管理主体的运营、以公益组织或个人为管理主体的运营 4 种形式(见图 3-3)。①

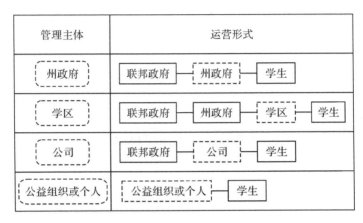

图 3-3 美国 K-12 在线教育运营模式

1. 州政府为主体运营的在线教育

以州级为单位实施的在线教育项目,可以是通过立法直接设立的在线项目,也可以是州级政府实施的在线项目,或是由州级教育部门实施的在线项目,虽实施主体不同,但都是由州级部门主导并参与管理的。州级在线学校由立法机构或者州政府机构建立,它们是在线教育领域中一个重要的组成部分,如佛罗里达虚拟学校是典型的州级在线学校,它不仅为佛罗里达州的适龄学生提供教育方案,也接收美国及世界各地的学生。

---

① 张梦冉:《美国 K-12 在线教育的运营模式研究》,硕士学位论文,浙江师范大学,2018 年。

2.学区为主体运营的在线教育

美国学区是州对教育实行管理的工具,是美国地方教育行政机构,是州内最基层的教育行政单位,是直接经营和管理学校的地方公共团体。学区作为一个一级行政教育机构,拥有较大的自主权。学区内的群众会投票选举委员组成"教育委员会"作为学区的领导机构。学区具有很强的自主独立性,一般不受地方行政即立法机构的干预,并且有着高度的财政独立权。在财政上,学区不仅可以得到州政府的拨款,还可以自筹教育经费。相应地,学区教育委员会也拥有相对独立的财政权、人事权、课程权等。在运营一个以学区为主体的在线教育项目时,除了要符合州政府相关办学资格法律、政策的要求,更多的相关事项要由学区教育委员会决定。所以,以学区为运营主体的在线教育质量的好坏与学区教育委员会的决策息息相关。

3.公司为主体运营的在线教育

美国 K-12 在线教育中的公司大致可分为 2 类:一类是向学校师生提供在线课程或是教学平台的技术类公司(参与公司);另一类是实力雄厚的公司,可以单独运营 K-12 在线学校(主体公司),如 K-12 公司。K-12 公司管理着美国 30 多个州的在线特许学校和混合在线学校,同时运营着 3 所 K-12 私立在线学校(K-12 国际学院、基石学校和乔治·华盛顿在线高中)。在一个完整的 K-12 在线教育模式中,参与公司可能会直接跟在线学校的运营主体(可以是州、学区等)衔接,向他们提供相关产品和技术,也可能将产品提供给中间商或组织。凡是可以独立运营 K-12 在线学校的公司一般都有实力为其余公立在线学校提供补充在线课程。

4.公益组织或个人为主体运营的在线教育

一些著名的在线教育组织也会参与到 K-12 在线教育的运营中。这些组织大多是非营利性的,如美国 K-12 在线学习国际联盟(International Association for K-12 Online Learning,iNACOL)[①],该委员会是为了给在线教育领域中的教师、管理者和政策制定者提供建议,它也是一个由许多教育工作者和参与者组成的非营利性组织,目的是扩大教育创新,推动传统教育向以学生为中心的 K-12 在线教育的转型。美国 K-12 在线学习国际联盟每年都会发行关于国家 K-12 在线教育的政策、课程质量或是有关教育前沿信息的电子出版物,致力于为 K-12 在线教育的参与主体服务。另外,也有因个人行为接受捐赠运营公益类在线教育的,如可汗学院(见图 3-4)。可汗学院是萨尔曼·可汗(Salman Khan)创立的一家教育性非营利组织,其主要业务是利用微课资源进行免费授课。可汗学院先后接到了 2 笔重要捐助:一笔是比尔·盖茨夫妇的慈善基金捐助的 500 万美元,另一笔是谷歌公司赞助的 200 万美元。

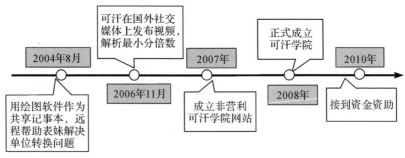

图 3-4 可汗学院运营和提供公益在线教育

① iNACOL 原为北美在线学习委员会(North American Council for Online Learning,NACOL),后更名为美国 K-12 在线学习国际联盟。

（二）我国中小学在线教育运营

与美国 K-12 在线教育运营有所不同的是，我国中小学在线教育运营主要有国家层面和企业层面，根据参与主体和其管理权限的不同可分为以国家和地方政府为管理主体的运营形式，以及以公司为管理主体的运营形式（见图 3-5）。以国家和地方政府为管理主体的在线教育由国家直接投入资金于信息化基础设施和资源建设，主要提供公共资源服务，如国家数字教育资源公共服务平台、国家中小学网络云平台、粤教翔云等。由企业运营的在线教育则是市场行为，企业直接运营在线教育机构或提供在线教育平台与内容服务。

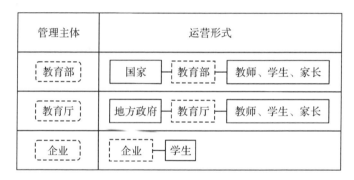

图 3-5　我国中小学在线教育的运营

1. 教育部为主体运营的在线教育

国家数字教育资源公共服务平台是教育信息化 1.0 期间依托国家基础教育资源网筹建的面向全国的教育服务平台。该平台借助现代科学技术，通过向广大学校、教师、学生和家长提供各种教学服务和教育教学资源，实现促进教育均衡发展的目的。国家教育资源公共服务平台在提供资源上传下载服务的基础上，强调以学习空间为核心的资源推送,把不同用户所需要的适当资源送入不同的个人空间,以教师的教学空间应用带动学生、家长和学校的应用,在"宽带网络校校通"的基础上,促进"优质资源班班通"和"网络学习空间人人通"。国家数字教育资源公共服务平台的开通和不断完善构建起了我国"以公共服务平台为引导,以学校应用为主体,以社会各方共建共享为支撑"的教育资源建设与应用新体系,让优质资源和创新应用惠及人人。教师可以利用平台提供的各种服务,获得优质数字教育资源,实现网络备课、网络答疑、布置作业和完成教学等教学中的各个环节。学生在平台上,可以获得名师提供的各种教学资源及辅导,对学习中遇到的问题可以向全国的教师请教,可以根据练习的结果,选择个性化辅导。教师和学生在平台上的各种教与学的活动,学校都能及时得到反馈,并根据学校实际,及时跟进和调整,实现教学效果的最优化。平台还向家长提供及时了解学生的学习行为和动态,以及与学校教师及时沟通的便捷通道。

国家中小学网络云平台是 2020 年根据教育部办公厅、工业和信息化部办公厅联合印发的《关于中小学延期开学期间"停课不停学"有关工作安排的通知》,为支持各地做好"停课不停学"工作,帮助学生居家学习,教育部整合国家、有关省市和学校优质教学资源,在延期开学期间开通的云平台。国家中小学网络云平台由教育部中央电化教育馆承担维护运营。为保证平台的稳定运行,工信部部署百度、阿里、中国电信、中国移动、中国联通、网宿科技、华为等企业提供技术保障支持。平台免费供各地自主选择使用,可供 5000 万名学生同时在线使用。平台资源包括防疫教育、品德教育、专题教育、课程学习、电子教材及影视教育。其中,课程学习从近年来全国开发的原有资源库中择优选取,并根据需要由北京等地骨干教师补充录制,覆盖从小学至普通高中的主要学科课程资源,课程时间一般在 20 分钟左右。

2.教育厅为主体运营的在线教育

粤教翔云是广东省教育资源公共服务平台,覆盖了各种教育资源,包括防疫教育、课程学习、生命与安全教育、心理健康教育、家庭教育、经典阅读、研学教育、影视教育和电子教材等资源,是专门为广东省地区的学生、教师等群体提供教学服务的平台。目前,大部分省(自治区、直辖市)教育厅都有以自己为管理主体运营的在线教育。

3.企业为主体运营的在线教育

中国 K-12 在线教育机构主要有纯在线教育机构(如跟谁学、作业帮、猿辅导等)、线下教育机构线上化(如新东方、好未来等)和一些高科技公司(主要提供平台与内容服务,如科大讯飞)。目前,我国 K-12 在线教育行业平台主要有少儿英语、一对一全科辅导、综合网校、兴趣教育、数理思维和作业辅导 6 类。少儿英语的代表有 VIPKID、51Talk、米乐英语等;在线一对一全科辅导的代表有掌门 1 对 1、海风教育,学霸君 1 对 1;综合网校代表有新东方在线、学而思网校(主要倾向于 K-12 在线教育)、沪江网校,以及依托著名学校独立运营的网校,如北京四中网校;兴趣教育的代表有美术宝、爱棋道、编程猫;数理思维的代表有掌门少儿、火花思维、豌豆思维;作业辅导的代表有跟谁学、作业帮、猿辅导等。一对一全科辅导、综合网校、数理思维和作业辅导均侧重于学科教育与辅导。

北京四中网校隶属于龙之门教育集团(龙之门教育集团成立于 2000 年,一直专注于 K-12 在线教育领域业务,是集全国优秀学校和教师等优质教育资源于一体的综合类教育集团，目前拥有北京四中网校、龙之门大语文、酷蒙课堂、外交部子女远程教学服务、海外华文学校教师远程培训等多个板块），主要通过网校课程面向全国的中小学生进行远程学习辅导（课外辅导），为广大的中国家庭提供开放的学习平台和北京四中的教育资源。网校课程主要是自主学习平台，以录播课和测试测评系统为主。学生可以借助北京四中网校平台，利用整块或碎片化的时间，通过学习优秀教师深入浅出的知识讲解（智慧学习）和利用测试测评系统（AI 测试及智能练习）的优质资源，达到夯实基础、领悟主旨、掌握解题方法、开阔思路并能灵活具体运用的目的。北京四中网校还积极开展校际远程教育合作，旨在充分利用现代教育技术，实现北京四中和全国各中学的信息交流与教学合作，达到优秀教育教学资源充分交流与共享、共同提高办学质量与教育教学水平的目的。

　　K-12 在线教育企业的用户包括体制内用户与体制外用户。体制内用户是指那些中小学及教育机构，这些学校和教育机构会购买 K-12 在线教育企业的信息化产品和服务。政府每年向这些学校和机构投入的信息化建设资金大多用于购买信息化设备和产品。早期的信息化产品主要有"三通两平台"。教育信息化 2.0 计划实施之后，"三全两高一大"提上日程，国家将资金投于"互联网＋教育"大平台建设。K-12 在线教育企业的主要职责是为这些信息化产品提供服务。体制外用户包括除体制内学校及教育机构以外的其他学校和教育组织。这类用户主要购买的服务及产品包括视频公开课（在线课程）、在线交流答疑、在线搜题、在线家教和素质教育等，这些完全是企业与家长行为（见图 3-6）。

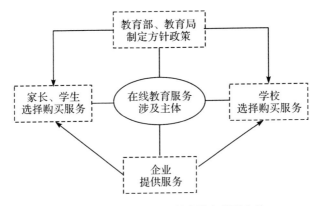

图 3-6　我国 K-12 在线教育服务关联主体

二、在线教育运营模式

中小学在线教育运营模式主要有 3 种：一是脱离实体学校但具备实体学校各种功能的完全在线教育，其表现形式就是虚拟学校（网校）；二是作为实体学校的部分在线课程出现，即混合在线教育；三是课外的辅助在线形式，称为"课外辅导"。目前，美国在线教育的运营模式多是前两种，我国的中小学在线教育基本为第二种和第三种。我国 K-12 教育阶段，在线教育基本上只是作为学校教育的补充和辅助，主要分为在线课程和辅助工具两大类。

(一) 虚拟学校

美国典型的虚拟学校是佛罗里达虚拟学校，作为在线教育的主要供给源，州立虚拟学校已成为美国 K-12 在线教育的主要提供者和主力军。美国的大部分州都成立了 K-12 虚拟学校，以虚拟学校的形式进行完整的课程设置和学习，主要用于课程辅助和在线全日制教育，在线上所修得的学分也被国家所认可。美国在线全日制学校具有替代线下正式学校的作用,如亚利桑那州、科罗拉多州、佛罗里达州、爱达荷州等近30个地区均设有在线全日制学校,学生可以100%地接受在线教学。

(二)混合在线教育

混合在线教育是指地方政府、中小学根据需要选择、购买在线教育机构提供的课程资源,将其纳入学校正式教育。在美国,课程资源主要由大型在线教育机构和一些公益组织提供,如美国 K-12 教育公司。K-12 教育公司是美国最大的在线教育公司之一,为从幼儿园到12年级的学生提供专有的课程和教育服务,同时为相关学校提供课程、软件、管理系统和管理的一站式运营外包服务。当然,美国虚拟学校也会给中小学提供在线课程资源与服务。我国中小学开展混合在线教育的课程资源主要来源于由国家和地方政府管理的在线教育平台,这些平台的师资和课程资源质量可以保证,如国家中小学网络云平台、粤教翔云等,也有来源于知名中小学网校的课程资源,直接购买在线教育企业(公司)课程资源的情况较少。

(三)课外辅导(自主学习)

从我国 K-12 在线教育运营现状看,我国的 K-12 在线教育虽然有国家政策的引导支持,但其参与者大多是企业(公司),这些企业的背景主要有3种:一是在以移动互联网为代表的新经济发展"黄金十年"期间,以"互联网+教育"模式开创的在线教育;二是线下培训机构增加线上业务;三是在线教育逐渐成为风口并得到资本认可后互联网巨头跟风投入的在线教育。我国在线教育企业在运营模式上通过辅助在线的形式为学生提供服务（在线课程和题库答疑类辅助工具），以此提升学生的学习成绩，但所提供的辅导课程没有与传统学校的学分产生紧密的联系。目前大家所熟悉的在线教育公司，如北京四中网校、腾讯课堂、作业帮、猿辅导、企鹅辅导等，主要是提供名师辅导课程、题库，由家长或学生选择性购买。

第五节　在线教育质量评价

在线教育质量评价遵循服务师生原则、安全可靠原则、以人为本原则和公开透明原则。顾明远先生曾经提到过教育的变与不变的关系，即不管技术如何发展及应用于教育，教育的本质、学校功能和教师职业等都不会发生太大的变化，但教育环境、培养目标、教学内容、教学模式、师生关系等会发生重大变化。从宏观层面来看，在线教育质量评价需考虑2个要点：一是人的发展目标，即在线教育是否满足了个体的全面发展、自由发展和个性化发展；二是教育的目标，即在线教育是否提供了优质公平的教育。从微观层面来看，在线教育质量评价涉及教师、学生、学习内容、学习环境、学习模式、学习理念和在线学习文化等。下面从在线教育质量评价环节和评价要素2个层面梳理在线教育质量评价。

一、在线教育质量评价环节

在线教育与传统教育一样,包括教与学环节和教学管理环节;又与传统教育有些不一样,在线教育还有一个更加重要的环节就是服务。因此,在线教育圈通常包括教师系统、学生系统和课程系统,以及对应的教学支持服务、学习支持服务和资源支持服务(见图 3-7)。结合在线教育模型中的 3 个基本主体(教师、学生、课程)和 3 个支持服务可知,在线教育质量评价至少包含教学、管理和服务 3 个环节。

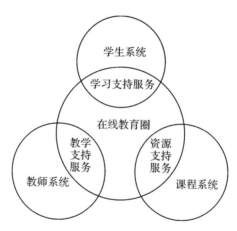

图 3-7　在线教育圈构成

(一)教学环节

与传统课堂教学基本遵循的"五环节"流程(备课、上课、作业、辅导和检测)不同,在线教学环节相对比较复杂,其教学环境、教学模式、师生交互、教学管理、教学评价和教学形态等都发生了变化,涉及教学结构重组、教学流程重塑和教育生态重构(见图 3-8)。在线教学开展依托于信息化基础设施（在实现教育数字化转型过程中，则是由"教育新基建"提供"数字底座"），涉及资源建设、资源学习、直播讲解、在线互动、课后任务、学习管理和学习评价等内容。不同于实体教室空间，所有人在同一空间内就自然而然地形成了一些约定俗成的习惯。在线教学的策略直接决定了学习的效果。在线教学需要师生有足够的信息素养，结合优质教育资源应用，通过有效的教与学策略，才能卓有成效地展开教与学，如：学习者是否有恰当的自主学习能力（和评价有关）；优质资源能否持续共享；教学模式、教学设计、教学活动、课程开发、教学资源建设和管理运作等方面是否符合在线教学特点；等等。这些都是在线教育质量评价需要考虑的。

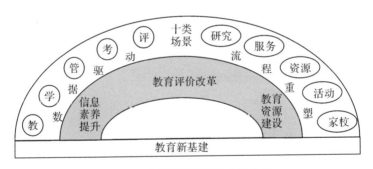

图 3-8　在线教学环节构成与关联

（二）管理环节

在线教育的管理环节主要包括教与学管理、教育资源管理（学习资源与师资资源）、在线教育平台与项目管理、行业监管、新兴技术应用等，其中教育资源管理是管理环节中的核心部分。用好在线教育，加强资源管理，加速资源共享及评价改革，可在一定程度上缓解我国城乡、区域之间教育资源不均衡问题,缩小教育差距,促进教育高质量发展和教育公平。需严把资源质量,注重区别不同类型资源,分别制定资源建设质量标准,健全资源质量审核机制,坚决防范意识形态风险,切实把好政治关、坚持科学性、注重规范化。教育部的"三个课堂"建设实现了优质师资和资源的共享与帮扶,快速提升落后地区的教育水平,促进教育公平。另外,新兴技术应用深刻影响人们的思维方式、价值观念、道德行为、情感依赖、社交能力等,这些问题间接影响在线学习绩效。人工智能算法带来信息的不对称、不透明,以及信息技术不可避免的知识技术门槛,客观上会导致并加剧信息壁垒、数字鸿沟等违背社会公平原则的现象与趋势,这其实也是资源不均衡的体现。如何缩小数字鸿沟以促进教育公平,如何树立正确的道德观、价值观和法治观,有效提升诚信意识和社会信用水平,统筹兼顾人工智能应用和个人隐私保护,都是在线教育管理需考虑的因素和关注的话题。

(三)服务环节

在线教育的服务环节包括教学支持服务、学习支持服务和资源支持服务,3个支持服务也不完全是孤立的,相互之间是融合交叉的关系。教与学支持服务重点考虑如何通过服务团队、学习资源、学习服务和学习诊断等支持学生的在线学习,以及如何通过教研团队、技术团队、在线教育平台、数字资源、教师培训、管理理论与体系等支持教师的在线教学和管理员的在线管理。我国在已有的远程在线教学的实践中积累了大量成人远程教学支持服务经验,但是这些经验还没有被整合到中小学的实践中。中小学作为一种特殊的远程教学场域,亟待理论与实践创新,进而带动中小学学习支持服务模式的创新。

教育部在发布的《网络学习空间建设与应用指南》中提出,网络学习空间功能中有一大块是关于在线教育服务的内容,即网络学习空间功能架构[①]中的"公共应用服务"(见图 3-9)。学习支持服务涉及在线教育机构或课程与学生的中介服务、辅助课程有序进行的学术性支持服务、响应学生需求的信息与管理性支持服务、基于用户中心的社会性支持服务和个性化支持服务。

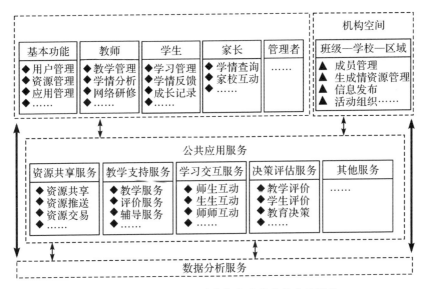

图 3-9　网络学习空间功能架构中的公共应用服务

不同类型的在线教育模式,对服务环节的需求是不一样的。服务

---

① 教育部:《网络学习空间建设与应用指南》,2018 年 4 月 17 日,http://www.moe.gov.cn/srcsite/A16/s3342/201805/W020180502563804321536.pdf,2022 年 6 月 5 日。

环节是否到位,在一定程度上会影响在线教育质量。在线学习要求学生具有更强的自主学习能力和自我管理能力,在更大程度上为自己的学习负责,这对中小学生来说尤其不容易,需要家长和教师提供具体的支持和帮助,如情感支持。学习支持服务是在线教育的核心要素,智能辅助的在线教学系统能够识别教与学的过程需求,将支持服务自然融入教与学的过程,如依据学习者兴趣、学习内容、知识情境和社交网络等推送学习资源,通过情绪识别和情绪调节来激发学习者的积极情感,实现学习情绪调节服务。在智慧学习环境下,智慧学习支持服务的构成包括服务主体、服务方式、服务基础和服务手段等(见图 3-10)。

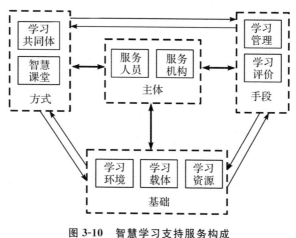

图 3-10 智慧学习支持服务构成

二、在线教育质量评价要素

"停课不停学"期间的教育教学虽然正常开展,但不管是教师主体、家长主体还是其他主体,都对在线教学的效果持质疑态度。公众普遍认为,在线情境下师生分离,教师难以对学生的学习情况进行有效监管,而中小学生普遍自制力较弱,因此居家学习的效果远不如在校线下学习。在线教学的效果是不是真的无法与面对面教学相提并论? 有研究人员针对面对面学习和在线学习的效果差异开展了大量研究,结果表明,只要在线教学的设计和实施过程合理,在线教学与面对面学习之间的结果并无显著差异。[①] 从在线教育质量评价环节可知,在线教育质量评价的关键要素包括是否有流畅的通讯平台、适切的数字资源、便利的学习工具、多样的学习方式、灵活的教学组织、有效的支持服务和密切的政企校协同机制等。这就涉及几个层面的问题:在线教学基础设施、基于互联网的教与学支持服务、数字化资源建设、师生信息素养等。

(一)在线教学基础设施

基础设施是解决技术层面问题的关键,要点是区分清楚技术应用是作为重器与众器(公平),明确在线教育所需基础设施首先考虑技术平权和够用精益,即技术的应用是以促进教育平等、降低数字壁垒为目标,需满足大众化、易得性、低负载等特性。网络方面注重家校信息化、智能化,设备方面注重可用、适用、BYOD 等,整体环境建设围绕信息时代学生的学习与发展进行,通过精准教学、双师课堂、智能导师和智能管理等,实现师生"扶贫"、教育均衡、个性化学习和智慧校园。

(二)在线教学资源

在线教学资源的质量会影响在线教学质量,目前的在线教学资源主要以在线课程(知识点)为主,但不能将在线课程质量等同为在线教

---

① 唐雪萍、陈丽:《新冠肺炎疫情期间公众对中小学在线教学的认识情况分析》,《中国远程教育》2021 年第 12 期,第 53—62 页。

学资源的质量,还需要考虑课程设计规划的学习活动,以及学生是否能够有效参与这些学习活动,是否同时兼顾课程多元价值主体的需求和要求,是否达成了育人目标。当然,优质的在线教学资源仍然是在线教育质量评价的关键,当前我国数字教育资源体系建设总体上还存在优质资源结构性短缺("双减"政策落地后资源短缺更明显)、共享水平不高、教学应用不深入和智能化组织管理水平偏低等突出问题。提高资源监管效率要依托国家数字教育资源公共服务体系,提升数字资源供给监管能力,实现资源备案、流动和评价的全链条管理。我国数字教育资源公共服务体系已基本建成,国家平台与省、市、县级平台正逐步实现互联互通,数字教育资源与应用的接入数量和形态正不断丰富,但在量、质、评价管理方面仍需加强。

"双减"政策的"硬着陆"之后,已经形成的发展性优质教育资源需求需要以公共服务方式进行有效补充和引导,被监管的教育资源也需要及时有效疏解。经教育行政部门和专家团队审核评定的"专递课堂""名师课堂""名校网络课堂"等优质教学资源中的教师,在对教材内容的把握、课程内涵的挖掘和价值的引领方面一般要优于普通教师,这些资源可以充分利用起来。我国诸多学者都在进行在线教育课程的研究,但是目前尚未出台专门针对中小学在线教育课程质量标准的相关政策(中小学有"优课""微课"竞赛,类似于高等教育的"金课",有相应的评分标准,但不是在线课程资源开发的衡量指标),需从教学理念与课程设计、教学团队、教学内容与学习资源、学习支持及学习效果、同行评议及课程特色、学习辅导等方面对在线课程进行综合评价,并以学习者学习效果及反馈的信息为主,对课程设计和内容进行阶段性合理调整。

（三）在线教育平台

目前，我国主流的在线教育资源与服务提供主体是政府和企业。由政府发起建设的在线教育资源公共服务平台多是公益性的，由企业发起建设的商业平台则多是营利性的。教育资源配置与服务是在线教育平台存在的基础。如果在线教育平台只进行资源配置而不提供资源服务，用户空有资源却无法有效使用，就会造成优质在线教育资源的浪费；相反，如果在线教育平台只提供资源服务却不对资源进行合理配置，用户将无资源可用。因此，在线教育平台应该在合理进行资源配置的同时优化资源服务，有效配置优质在线教育资源，满足用户多样的个性化需求（见图3-11）。

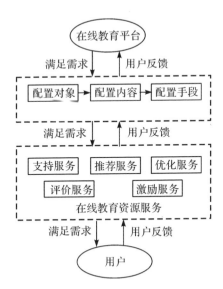

图 3-11　在线教育平台资源配置与服务

据调查，目前中小学教师最常用的商业类在线教育平台有一起作业、作业帮和腾讯课堂等,其中使用一起作业平台的教师最多。同时,钉钉、腾讯会议、CCTalk,以及社交软件微信、QQ 等,是教师在在线教育过程中常用的免费在线教学工具。[①]

(四)师生信息素养

师生信息素养需考虑在线教学过程中的自主管理、自主服务与自主学习能力,如技术应用能力、在线学习能力、信息(数据)判断力等。对于中小学教师而言,首要解决的问题就是要重新审视在在线教学中自己作为教师的职能。在在线教学中,教师需要采用以学生为中心的教学方式,营造一个强调交互性的学习社区,让学生自主参与到在线课堂活动当中去。教师在在线课堂中的角色,更像是一个协助者,而非简单的知识传递者,这对许多教师来讲都是一个不小的挑战。此外,教师还要面临技术能力不足、缺乏在线教授经验等问题,这使得他们在在线教育实施的过程中承受不小的压力,特别是乡镇教师。在"停课不停学"期间的大规模在线教学中,全国教师对自身信息技术水平的评价总体上积极正面。在地域上,城市教师的信息技术能力自评显著高于乡镇教师,体现了教师信息技术水平的城乡差异[②];在学段上,信息技术能力自评分从高到低分别为高中教师、小学教师、初中教师。教师信息技术能力自评均值随教龄段的增加而递减。信息技术能力自评分数最高的是入职 1—5 年(含不满 1 年)与 6—10 年的教师,且这 2 个群体之间没

① 高振、娄方园、王书瑶、王娟:《新基建背景下在线教育现状及治理策略研究》,《中国成人教育》2022 年第 2 期,第 26—33 页。
② 孙妍妍、吴雪琦、王超、顾小清:《中小学教师信息化教学能力调研》,《开放教育研究》2021 年第 1 期,第 84—93 页。

有显著差别。教师的信息技术能力不高会妨碍他们在教学实践中使用信息技术，具体体现为无法选用合适的技术支持教学设计，或使用技术时常遇到困难，从而影响整体教学效果。从地域角度看，城乡中小学教师的信息化教学能力发展不均衡，乡镇教师的整体水平显著低于城市教师。

在线教学是一个自主、丰富、差异的学习场域，有其特殊的学习规律，在在线教学实践中，学生主要通过3种教学交互方式来开展在线学习：一是通过直播平台或者微信等工具与教师进行交互；二是与学习资源进行交互；三是学生之间的交互。这3种教学交互方式，与课堂教学有相同之处也有不同之处。除了在线学习条件外，最大的不同是在在线教学过程中，无论教师想到何种方式去监管在线学习，都不可能完全监控到位。因此，在线教学的自主性与差异性会非常明显，挑战的就是学生的自主学习能力，学生的信息素养也就成了影响在线教学质量的关键因素之一。根据吉罗德·O.格罗（Gerald O. Grow）教授设计的SSDL 模型中不同师生特性关系的匹配情况（见图 3-12），教师可以在在线教学过程中调用各种各样的方式了解每一个学生的动态学情，然后个性化地设计多种组合方案，从而在"渐进－差异－多样化"的匹配中，提升不同学习者的自主学习能力。

S4自主型学生	严重不匹配	不匹配	较匹配	匹配
S3愿学型学生	不匹配	较匹配	匹配	较匹配
S2兴趣型学生	较匹配	匹配	较匹配	不匹配
S1依赖型学生	匹配	较匹配	不匹配	严重不匹配

T1权威型教师 T2激励型教师 T3向导型教师 T4授权教师

图 3-12　SSDL 模型中的师生匹配关系

第四章 对比与借鉴：
中小学在线教育质量评价标准分析

在线教育是远程教育被注入网络技术、移动技术、大数据技术等新兴信息技术之后进化了的教育模式，是通过信息和互联网技术进行教育和学习的方式方法，是一种师生时空相对分离、基于媒介的教育教学实践，它跟传统的以人际直接互动为主要形式的面授教学在本质上有所不同。在线教育打破了传统教育的时间和空间限制，重构了时间结构、空间结构、资源结构和课堂结构。在线教育学习圈和模型包括教学支持系统（教师系统）、学习支持系统（学生系统）、资源支持系统（课程系统）。在线教育学习圈的3个基本主体（学生、教师、课程）和3个支持服务是教育质量评价的切入点。中美在线教育的发展历程不同，国情也不同，因而在线教育质量的评价指标要素和侧重点各有差异。本章主要对比分析中美两国中小学在线教育发展历程中制定的相关在线教育质量评价标准及内涵。两国在评价指标核心观测点、技术服务对象和教学团队建设等方面有明显差异。我国中小学在线教育质量评价标准的制定需重视在线教育评价导向、学习者需求、多方协同支持和中小学教师专业发展等关键性指标，全方位健全和完善在线教育质量评价指标体系。

第一节 美国 K-12 在线教育质量评价标准

前面章节提到，美国 K-12 在线教育源于 1996 年受佛罗里达州教育部和联邦基金资助建立的第一所公立在线学校——佛罗里达虚拟学校。佛罗里达虚拟学校包含补充在线和完全在线 2 种方式：完全在线是提供全日制的在线教育；补充在线主要面向全日制外的学生，提供合适的在线学习方式。佛罗里达虚拟学校的教师和课程都有权威的认证，从而可以保证在线教育的质量，这为 K-12 在线教育质量评价标准的制定和使用提供了早期做法。之后美国陆续制定并颁布了《在线学习质量》(*Quality On The Line*)、《在线学习认证标准》(*E-Learning Certification Standards*)、《QM 标准》(*Quality Matters Rubric*)、《在线学习质量国家标准》。

一、《在线学习质量》

《在线学习质量》是美国在 2000 年发布的网络远程学习评价标准，是最早的关于在线教育质量评估的一个参考，主要用于衡量在线学习的质量。这一标准包括机构支持、课程开发、教学与学习、课程结构、学生支持系统、教师支持系统、评价与评估系统7个方面[①]，其侧重点在课程建设和教学支持层面，通过课程资源质量和有效的在线教与学支持来确保在线学习质量。

二、《在线学习认证标准》

2001年，美国教学设计与适用专业委员会建立了《在线学习认证标准》[②]，这一标准从可用性、技术性和教学性3个方面对在线学习进行了评价。其中，可用性主要针对用户在网上学习时操作的便利性；技术性层面重点明确网络课程安装和运行时的各项技术指标，确保课程运行正常，不影响在线学习；教学性主要从教学设计的角度，对教学目标、教学内容、教学策略、教学媒体和教学评价等各个方面提出相应的要求，以确保课程内容质量。

三、《QM标准》

2003年，密歇根大学制定了《在线课程评价指南和量规》(*Online Course Development Guidelines and Rubric*)；加利福尼亚州立大学制定了《在线课程质量量规》(*Online Course Quality Rubric*)。在此基础上，美国马里兰网络教育联盟QM(Quality Matters，美国非营利性专业服务机构，主要为在线教育和混合式教育提供质量保障服务)组织专家

---

① 朱凌云、罗廷锦、余胜泉：《网络课程评价》，《开放教育研究》2002年第1期，第22—28页。

② Lynette Gillis. E-Learning Certification Standards，2020年12月5日，www. workflow. eccastdinstitute. org，2022年6月5日。

研制推出《QM 标准》作为在线课程质量评价标准,此后不断迭代更新。《QM 标准》专注于课程设计质量评估,旨在为教师和教学设计人员提供一个对网络课程设计质量进行评价的依据,帮助课程开发者不断评估和反思课程设计质量,进而提升课程质量。《QM 标准》涵盖基础教育、高等教育、职业教育、课程出版商和教育服务 5 个领域,每个领域均由 8 个通用指标构成(见图 4-1),其中课程概述与简介、学习目标、易获性与可用性是该标准的重点。从该标准中可以看出,评价指标具体明确;侧重学的过程,从学生如何学到怎么学确定指标;着眼于课程本身,有关课程方面的要求所占分值最高;对课程的内容没有要求。[①]《QM 标准》是当时美国教育领域最具影响力的在线课程质量评价标准,其中基础教育层面的在线课程质量标准主要适用于本地开发的课程或课程出版商开发的课程。该 K-12 在线课程质量标准有 8 项通用标准和 43 项具体审查标准,用于评估小学、初中和高中在线课程和混合课程的设计。评审团队使用量规评分系统来确定课程是否符合标准,被确定为必要的标准具有最高的分值,满足这些标准的在线课程才能获得 QM 质量认证。使用这个标准的主要是教师、教学设计师、课程设计开发团队、学生、家长、辅导员、学校管理人员、公立或私立虚拟学校和课程供应商、学校系统、地方和州委员会等。

---

① Quality Matters Rubric,2019 年 10 月 9 日,https://www.qualitymatters.org/index.php/qa-resources/rubric-standards,2022 年 6 月 5 日。

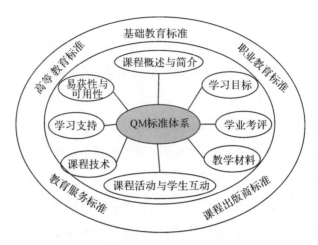

图 4-1 《QM 标准》通用一级指标内容

四、《在线学习质量国家标准》

继《QM 标准》之后,为了给州、地区及一些在线教育项目提供一系列针对在线课程内容、教学设计、技术、学生评估、课程评价与管理、21 世纪技能 6 个维度的质量标准指南,NACOL 于 2007 年发布了一份《在线课程质量标准》,并于 2008 年发布第一版《在线教学质量标准》,2009 年发布第一版《在线项目质量标准》。这些标准经过不断的试验、改进和调研应用反馈后,NACOL 于 2011 年修订完成了第二版《在线课程质量标准》与《在线教学质量标准》。这些标准是在线教育项目、地区和州政府部门作为评估和审批在线教育教学和课程内容的基准。

美国作为国际公认的在线教育评价的领军者,其独特的在线教育质量评价标准一直是其核心竞争力,并且每隔几年就会根据实际情况进行修订。2007—2011 年 NACOL 制定发布 2 个版本的在线教育质量

标准后,为了强化在线教育质量评价,2019 年美国虚拟学习领导联盟
(the Virtual Learning Leadership Alliance,VLLA)和马里兰网络教育
联盟 QM 在 NACOL 关于在线教育质量评价标准制定工作的基础上,
联合发布新的 K-12 阶段《在线学习质量国家标准》。新的 K-12 在线教
育质量标准贯彻"以学习者为中心"的原则,将学习者体验作为标准制
定的根本出发点,同时对在线教育教师的能力提出了新的要求。

新版的《在线学习质量国家标准》包括 3 个子标准:一是《在线项目
质量标准》(*National Standards for Quality Online Programs*)[①];二
是《在线课程质量标准》(*National Standards for Quality Online
Courses*)[②];三是《在线教学质量标准》(*National Standards for
Quality Online Teaching*)[③]。新标准从在线学习的项目、课程与教学 3
个维度构建了完整的 K-12 在线教育质量保证体系(见图 4-2)。《在线
项目质量标准》提出在线教育的整体要求,从机构、课程与教学、支持体
系及项目评价 4 个维度为在线教育项目的核心质量提供宏观指导。
《在线课程质量标准》和《在线教学质量标准》对应在线教育最关键的两
大因素——课程与教学提出具体的评价原则和标准。在线教育的设计
者、评价者、学科教师、供应商等,均可以依据这一质量标准体系,对在
线教育项目、课程和教学进行评价。

[①] National Standards for Quality Online Programs,2019 年 10 月 9 日,https://www.
nsqol.org/the-standards/quality-online-programs/,2022 年 6 月 5 日。

[②] National Standards for Quality Online Courses,2019 年 10 月 9 日,https://www.
nsqol.org/the-standards/quality-online-courses/,2022 年 6 月 5 日。

[③] National Standards for Quality Online Teaching,2019 年 10 月 9 日,https://www.
nsqol.org/the-standards/quality-online-teaching/,2022 年 6 月 5 日。

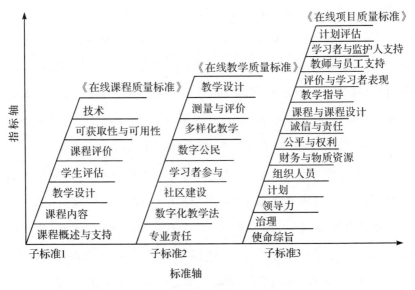

图 4-2　美国《在线学习质量国家标准》指标项构成

　　最新版 3 个子标准中,《在线项目质量标准》主要有机构标准(包括使命宗旨、治理、领导力、财务与物质资源、诚信与责任等在内的 8 项指标)、课程与在线教学标准(课程与课程设计、教学指导、评价与学习者表现)、支持标准(涉及组织提供的学术、行政、指导和技术方面的支持服务,以满足在线项目参与者的需求,主要包括教师与员工支持、学习者与监护人支持)、评价标准(计划评估)等指标项,涵盖从项目使命与管理到课程教学和支持体系的 14 项指标,对开展在线教育项目提供全方位的监测标准。《在线课程质量标准》主要有课程概述与支持、课程内容、教学设计、学生评估、可获取性与可用性、技术和课程评价等指标项,采纳了早期《QM 标准》中基础教育在线课程标准的有关指标项。《在线教学质量标准》主要包括专业责任、数字化教学法、社区建设、学习者参与、数字公民、多样化教学、测量与评价和教学设计(自愿选择)等指标项。[①]

　　新标准相比于以往的标准主要在数量和内容上发生了变化。首先,在数量上,各个子标准总体上有不同程度的缩减。《在线项目质量标准》的一级指标由 19 个缩减为 14 个,二级指标由 109 个缩减为 72 个。《在线课程质量标准》的一级指标由 5 个增加为 7 个,二级指标由 53 个缩减为 45 个。《在线教学质量标准》的一级指标由 11 个缩减为 8 个,二级指标由 72 个缩减为 51 个(见表 4-1)。指标数量的减少并不意味着要求降低,相反更有助于简化评审过程,便于使用。

表 4-1　《在线学习质量国家标准》各标准指标项数量变化

标准	版本	一级指标数目	具体指标数目
《在线项目质量标准》	2009 年版	19	109
	2019 年版	14	72
《在线课程质量标准》	2011 年版	5	53
	2019 年版	7	45
《在线教学质量标准》	2011 年版	11	72
	2019 年版	8	51

　　其次,在内容上,《在线项目质量标准》主要删减了一级指标组织承诺、指导服务、组织支持和计划改进等,并对部分一级指标进行整合。《在线课程质量标准》一级指标主要增加了课程概述与支持、获取性与可用性等。《在线教学质量标准》主要变动在标准 A 由关注教学实践到

[①]　周蕾、赵中建:《美国 K-12 阶段在线教育质量全国标准评析》,《开放教育研究》2020 年第 2 期,第 53—62 页。

专注专业责任,标准 D 由关注反馈到关注学习者参与,标准"评估和测量"由原来的标准 G、H 整合而来,并新增了标准"教学设计"。旧版《在线项目质量标准》没有相应指标名称,新版标准设立指标名称。最新版标准中,《在线项目质量标准》主要有机构标准、课程与教学标准、支持标准和评价标准等指标项(见表 4-2);《在线课程质量标准》主要有课程概述与支持、课程内容、教学设计、学生评估、可获取性与可用性、技术和课程评价等指标项(见表 4-3);《在线教学质量标准》主要包括专业责任、数字教学法、社区建设、学习者参与、数字公民、多样化教学、测量与评价和教学设计(自愿选择)等指标项(见表 4-4)。

表 4-2　2009 版和 2019 版《在线项目质量标准》一级指标对比

	2009 版《在线项目质量标准》		2019 版《在线项目质量标准》
一级指标	使命宗旨(Mission statement)	机构标准	使命宗旨(Mission Statement)
	治理(Governance)		治理(Governance)
	领导力(Leadership)		领导力(Leadership)
	计划(Planning)		计划(Planning)
	组织人员(Organizational Staffing)		组织人员(Organizational Staff)
	组织承诺(Organizational Commitment)		财务和物质资源(Financial and Material Resources)
	财务和物质资源(Financial and Material Resources)		公平与权利(Equity and Access)
	公平和权利(Equity and Access)		诚信与责任(Integrity and Accountability)
	诚信和责任(Integrity and Accountability)		

续　表

2009 版《在线项目质量标准》		2019 版《在线项目质量标准》	
一级指标	课程和课程设计（Curriculum and Course Design）	课程与教学标准	课程与课程设计（Curriculum and Course Design）
	教学指导（Instruction）		教学指导（Instruction）
	学生成绩评估（Assessment of Student Performance）		评价与学习者表现（Assessment and Learner Performance）
	教职员工（Faculties）	支持标准	教师与员工支持（Faculty and Staff Support）
	学生（Students）		
	父母/监护人（Parents/Guardians）		学习者与父母/监护人的支持（Learner and Parent/Guardian Support）
	指导服务（Guidance Services）		
	组织支持（Organizational Support）		
	计划评估（Program Evaluation）	评价标准	计划评估（Program Evaluation）
	计划改进（Program Improvement）		

表 4-3　2011 版和 2019 版《在线课程质量标准》一级指标对比

2011 版《在线课程质量标准》		2019 版《在线课程质量标准》
一级指标	课程内容（Content）	课程概述与支持（Course Overview and Support）
	教学设计（Instructional Design）	课程内容（Content）
	学生评估（Student Assessment）	教学设计（Instructional Design）
	课程评价与支持（Course Evaluation and Support）	学生评估（Learner Assessment）
	技术（Technology）	可获取性与可用性（Accessibility and Usability）
	—	课程评价（Course Evaluation）
	—	技术（Technology）

表 4-4　2011 版和 2019 版《在线教学质量标准》指标项对比

	2011 版《在线教学质量标准》	2019 版《在线教学质量标准》
指标项	在线教师了解有效在线教学的基本概念和结构,并能够创造学习经验,以使学生获得成功	专业责任(Professional Responsibilities)
	在线教师了解并能够使用现有和新兴的系列技术,这些技术可有效支持学生在在线环境中的学习和参与	数字化教学法(Digital Pedagogy)
	在线教师计划,设计并结合了各种策略,以鼓励在线环境中的主动学习、应用、交互、参与和协作	社区建设(Community Building)
	在线教师通过明确的期望、迅速的反应和定期的反馈来促进学生的成功	学习者参与(Learner Engagement)
	在线教师对与技术使用相关的法律、道德和安全行为进行建模、指导和鼓励	数字公民(Digital Citizenship)
	在线教师意识到学生的学术需求的多样性,并将住宿环境整合到在线环境中	多样化教学(Diverse Instruction)
	在线教师以确保工具和程序的有效性和可靠性的方式,展示了在在线学习环境中创建和实施评估的能力	测量与评价（Assessment and Measurement)
	在线教师开发并提供评估项目和作业,以达到基于标准的学习目标,并通过测量学生对学习目标的实现程度来评估学习进度	教学设计(Instructional Design)
	在线教师展示了使用评估和其他数据源中的数据修改内容并指导学生学习的能力	—
	在线教师与同事、父母和社区的其他成员以专业、有效的方式进行互动,以支持学生的成功	—
	在线教师整理媒体和内容,以帮助学生和教师在在线环境中最有效地传播知识	—

第二节　我国中小学在线教育质量评价标准

我国中小学在线教育源于 1996 年成立的首家中小学远程教育 101 网校。1998 年,教育部颁发的《面向 21 世纪教育振兴行动计划》中提到要实施"现代远程教育工程",形成开放式教育网络。自此,在线教育正式进入大家的视野。不管是高校还是中小学,在线课程作为在线教育的核心要素,其质量是决定在线教育质量的关键。我国在线课程经过了网络课程、精品课程、在线开放课程等多个发展阶段,在线课程建设具有明显的以国家政策为导向、以项目建设的方式推进、与在线课程发展脉络相适应等阶段性特点。每个阶段对课程质量都有明确的认定标准或规范要求。开展课程质量认定是每一个建设阶段的重要环节,也是保障在线教育质量的重要措施。

一、《网络课程评价规范(CELTS-22)》

2000 年 11 月,教育部组织国内 8 所高校的有关专家开展网络教育技术标准研制工作,并成立了教育部教育信息化技术标准委员会

(Chinese E-Learning Technology Standardization Committee，CELTSC)[①]。2002 年，随着网络教育的发展，网络课程的数量在迅速增加。因难以对网络课程进行有效的管理和监控，出现很多低水平的网络课程，网络教育的质量得不到保障。因此，在前期研制教育技术标准的基础上，教育部教育信息化技术标准委员会发布了《网络课程评价规范》文件，它是我国第一份关于网络课程评价基本标准的规范文件，主要通过定义网络课程评价的基本框架和指标体系，来规范和指导网络课程的质量，同时也对网络课程的设计提供指导。在这份规范文件中，主要运用指标体系法来评价课程质量，指标体系包含课程内容、教学设计、界面设计、技术 4 个维度。《网络课程评价规范》的 4 个维度下各有多个指标项：课程内容维度主要包括 7 个指标，其中课程说明、内容目标一致性、科学性、内容分块为必需指标；教学设计维度主要有 14 个指标，其中学习目标、学习者控制、内容交互性、媒体选用、实例和演示、练习、练习反馈、结果评价为必需指标；界面设计维度主要有 9 个指标，其中易识别性、导航与定向、操作帮助为必需指标；技术维度是网络课程质量的前提和基本保障，主要有 6 个指标，其中运行环境说明、安装、可靠运行、多媒体技术、兼容性为必需指标。[②] 从这份规范文件中可以看出，对网络课程的评价注重基础性建设，如界面设计、技术应用等。规范文件中

[①] 　教育部教育信息化技术标准委员会（http://www.celtsc.org/），后更名为全国信息技术标准化技术委员会，主要负责组织全国教育信息化活动、教育技术相关标准的研制、标准符合性测试认证和标准应用推广工作，以及对口承担我国教育信息化在国际标准化组织 ISO 与 IEC 联合成立的分技术委员会（ISO/IEC JTC1 SC36）的国际标准化工作。

[②] 　乐玉玲：《基于网络课程评价规范（CELTS-22.1）的网络课程的设计与开发》，硕士学位论文，华中师范大学，2005 年。

对每个指标都做了约束性描述,由此可以看出每个指标的重要程度。

《网络课程评价规范》着重从网络课程本身出发进行评价,涉及教学安排、学习支持服务、辅助资源等其他制约环节,以及对网络课程的具体应用方式等教学实施情况进行的评价不多,对于网络课程用来服务教学的本质属性强调较少。这一阶段的课程评价多强调网络课程资源的共享与应用,课程设计简洁,资源类别单一,网站导航、超链接等数字化的技术特征较为明显。同时,评价指标体系已逐渐开始重视"以学习者为中心"的教育理念。学习者学习过程虽多以被动接受课程资源为主,但在课程资源建设与应用层面,已经充分考虑学习者的在线学习需求。

二、《网络课程课件评测(认证)标准》

2002 年,在《网络课程评价规范》的基础上,教育部发布了《网络课程课件评测(认证)标准》,该标准对网络课程质量评价提供了参考指标。这份标准中同样采用指标体系的方式,在对各指标做约束性描述的同时明确了各指标的分值。其中一级指标包括教学设计、教学内容、可用性、技术性、信息呈现、文档资料 6 个指标。[①] 教育技术专家黄荣怀对标准进行了修改,将二级指标中的"组织结构"改为可选、"版权"改为"引用说明"等。从这份标准中可以看出,教育部同样注重教学设计、教学内容、教学技术等方面。此外,从新增了课程定位、实践、内容的引用说明、先进性等要求可以看出,教育部在基础建设的基础上对课程的内

---

① 李炜:《网络课程评价指标体系的研究——以天津师范大学中小学教师继续教育网络课程为例》,硕士学位论文,天津师范大学,2009 年。

容方法做了进一步的要求。

三、《国家精品课程评审指标》

2006 年,相关部门根据《教育部关于启动高等学校教学质量与教学改革工程精品课程建设工作的通知》精神制定了《国家精品课程评审指标》。该指标包括教学队伍、教学内容、教学条件、教学方法与手段、教学效果 5 个维度的一级指标和课程特色单项。其中教学内容、教学队伍、教学条件和教学效果是该指标的重点,且教学内容的选取、教学内容的组织、教学设计、主讲教师、教学队伍结构所占分值最大。2007 年之后,《国家精品课程评审指标》进行了调整,其最大的变化在于将本科与高职高专不同层次、不同对象、不同功能的课程区分对待,相应地建立不同标准的评审指标体系,使本科课程与高职高专课程能够各自发挥所长,更有效地实现各自的人才培养目标。[①]

为落实基础教育信息化,教育部于 2014 年启动"一师一优课"活动(教基二厅函〔2014〕13 号),遴选中小学优秀课程资源,将所有优课资源共享在国家教育资源公共服务平台,以此作为推进教育信息化工作的重要抓手,来促进"优质资源班班通"和"网络学习空间人人通",让优质资源和创新应用惠及人人。2017 年,在多年"一师一优课"活动的基础上,教育部组织相关专家在借鉴《国家精品课程评审指标》的基础上,研制了"中小学优课评审指标"(见表 4-5)。该评审指标由教学设计、教学实施、教学效果和技术规范 4 个维度构成,相比高等教育的《国家精品

---

① 王鹏、王秋芳:《国家精品课程评审指标体系的变化研究》,《现代教育科学》2010 年第 1 期,第 90—92 页。

课程评审指标》，针对基础教育的优课评审指标相对比较简单，没有强调教学队伍。

表 4-5　中小学优课评审指标

评价指标	优课评价指标描述
教学设计	教学目标与课程标准的要求一致，体现核心素养的基本导向。教学设计体现课程标准和信息技术与学科教学深度融合的要求，结构完整。内容与教学活动体现社会主义核心价值观
教学实施	教学环节、教学组织形式和方法与策略、教师信息技术应用、信息技术应用能有效支持学生学习、师生互动和教学评价
教学效果	达到教学目标，体现学科核心素养，促进学生在学科思维、实践能力、情感与价值观等方面的发展
技术规范	数字资源运行、视频拍摄内容完整、画面清晰、声画同步

四、《精品在线开放课程评价指标体系》

2012 年以来兴起的全球 MOOC 运动对我国在线教育产生了深刻的影响，我国精品课程的提法与做法同时指向 MOOC。2015 年，教育部下发《关于加强高等学校在线开放课程建设应用与管理的意见》。该意见明确要求深入贯彻习近平总书记系列重要讲话精神，坚持培育和践行社会主义核心价值观，落实立德树人的根本任务，主动适应学习者个性化发展和多样化学习需求，立足国情建设在线开放课程和公共服务平台，加强课程建设与公共服务平台运行监管，促进优质教育资源应用与共享，全面提高教育教学质量。该意见还从课程的教学内容与资源、教学设计与方法、教学活动与评价、教学效果与影响、团队支持与服务等 6 个方面对在线开放课程提出了明确的要求。2018 年，教育部办公厅下发《关于开展 2018 年国家精品在线开放课程认定工作的通知》，并再次公布"国家精品在线开放课程"的评价指标体系。该体系仍参照 2015 年的"国家精品在线开放课程"的评价指标体系要求，并没有新变化。"国家精品在线开放课程"评价体系包含课程团队、课程教学设计、课程内容、教学活动与教师指导、应用效果与影响、课程平台支持服务 6 个一级指标（见表 4-6），评审总体要求是思想导向正确、科学性强，在线学习特征明显，突出以学生为中心的教学设计，课程建设团队充分开展在线教学活动与指导，课程质量高，共享范围广，应用效果好，示范引领性强。[①] "以学生为中心建立教与学的新型关系""立德树人"等培养人的要求在该指标中有所体现。

表 4-6　国家精品在线开放课程评审指标

指标项	指标描述
课程团队	◆ 课程负责人具有丰富的教学经验和较高的学术造诣 ◆ 主讲教师师德好，教学能力强，做好信息技术与教育教学深度融合的教学改革 ◆ 课程团队结构合理、人员稳定，除课程负责人和主讲教师外，配备必要的助理教师，保障线上线下教学正常有序运行
课程教学设计	◆ 遵循教育教学规律，体现现代教育思想，符合大规模在线开放课程教学特征 ◆ 注重以学生为中心建立教与学新型关系，构建体现信息技术与教育教学深度融合的课程结构和教学组织模式 ◆ 课程知识体系科学，资源配置全面合理，适合在线学习和混合式教学

---

① 杨晓宏、周海军、周效章、郝照：《国内在线课程质量认定研究述评》，《电化教育研究》2019 年第 6 期，第 50—55 页。

续 表

指标项	指标描述
课程内容	◆ 坚持立德树人,能够将思想政治教育内化为课程内容,弘扬社会主义核心价值观 ◆ 反映学科专业最新发展成果和教改教研成果,具有较高的科学性水平,课程内容更新和完善及时 ◆ 无危害国家安全、涉密及其他不适宜网络公开传播的内容,无侵犯他人知识产权的内容
教学活动与教师指导	◆ 通过课程平台,教师为学习者提供测验、作业、考试、答疑、讨论等教学活动,及时开展在线指导与测评 ◆ 各项教学活动完整、有效 ◆ 学习者在线学习响应度高,师生互动充分,能有效促进师生之间、学生之间进行资源共享、互动交流和自主式与协作式学习
应用效果与影响	◆ 课程在学校教学过程中能较好地应用,将在线课程与课堂教学相结合,教学方法先进,教学质量高 ◆ 在其他学校和社会学习者中共享范围广,应用模式多样,应用效果好,社会影响大
课程平台支持服务	◆ 课程平台按照《中国互联网管理条例》等规定,完成有关的备案和审批手续,至少获得国家信息安全等级保护二级认证 ◆ 平台运行安全稳定畅通,课程在线教学支持服务高效 ◆ 配有专业人员进行审查管理,确保上线课程的内容规范及技术水平

五、《信息技术 学习、教育和培训 在线课程》

我国国家市场监督管理总局、国家标准化管理委员会于 2018 年 9 月发布 GB/T36642—2018《信息技术 学习、教育和培训 在线课程》(*Information technology—Learning，education and training—Online courses*)标准。该标准由全国信息技术标准化技术委员会提出,于 2019 年 4 月 1 日正式实施。该标准是我国当前较为权威的、适用于各类在线课程的技术标准。该标准给出了在线课程和评价方案的信息模型与要素、在线课程运营平台的基本要求、在线课程的评价原则,规定了各要素的功能和属性,以及相应的 XML 绑定。该标准将在线课程的评价指标分为课程信息完善度、课程内容与描述信息评价、教与学过程数据评价 3 类[①],强调从课程信息完整性、课程内容与课程设计、教学实施 3 个方面构建在线课程评价方案。在其所给出的典型评价方案样例中,课程设计与课程参与度 2 个维度分别占 40%,课程信息完善度和课程建设维护 2 个维度各占 10%。

《信息技术 学习、教育和培训 在线课程》中所有指标均为必需指标。一级指标为课程信息完善度、课程内容与描述信息评价、教与学过程数据评价。其中课程信息完善度含有 2 个二级指标;课程内容与描述信息评价含有 14 个二级指标,主要在人机交互、人与人交互的基础上增加了交流与协作指标;教与学过程数据评价含有 30 个二级指标,主要从教师的发帖率、帖子检阅率、回帖率,学生的活跃度、学习的完成率(是否半途而废)、课时的完成率、考试等教与学过程数据层面做出了明确的要求。综观这一标准,相较于之前的规范、标准来说少了技术层面的要求,这也是我国信息技术提高的体现。该标准侧重于教与学过程中数据评价的要求,并且相关二级指标明确具体,可见该标准已将质量要求放到了学生和教师的具体教学、学习过程中,将在线课程质量标准落到实处。该标准作为我国在线课程的技术标准,具有更强的

---

① 《信息技术 学习、教育和培训 在线课程》,2018 年 9 月 17 日,http://www.gb688.cn/bzgk/gb/newGbInfo? hcno=6E3B4E826115275EA7597F610181B886,2022 年 6 月 5 日。

操作性和适用性，为我国各类在线课程的建设与评价提供了有关信息模型和指标依据。

六、《中小学在线教学质量评价标准（试行）》

2020年，因受新冠疫情影响，在线教育成为"停课不停学"的中坚力量。为规范中小学的在线教学行为，充分发挥在线教学的独特功能，依据《教育信息化2.0行动计划》《教育部关于发布"网络学习空间建设与应用指南"的通知》《教育部关于加强网络学习空间建设与应用的指导意见》《教育部关于加强"三个课堂"应用的指导意见》的相关文件精神，中国信息协会教育分会发布了《中小学在线教学质量评价标准（试行）》，供中小学线上教学质量评估做参考。该标准包括前置准备、资源运用、教学过程和课程评价4个一级指标，技术工具与网络环境、教师线上教学、学生线上学习准备、资源的选择与利用、课程时间管理、目标导学、自主研学、协作助学、精准评学、适时思学等10个二级指标，以及26个评价要点。[①] 从该标准中可以看出，在线教学质量的评价主要从教学过程的前、中、后进行要求：教学前期准备包括网络环境、教师教学、学生学习的准备；教学中期包括资源的选择、时间的管理、导学、研学、协作等；教学后期主要包括评价。该标准在疫情期间发挥了重要作用，为在线教学质量提升提供一个标准参照。但作为在线教学质量评价标准来说，该标准还不够完善，只是新冠疫情期间的试行标准。

---

① 丁玉祥：《智能时代在线教学质量评估标准的研制特点与内容解析——以"信息协会版"在线教学质量评价标准为例》，《教育评论》2020年第7期，第9—14页。

第三节 中美 K-12 在线教育质量评价标准对比分析

历来教育质量的评价均是围绕教和学 2 个维度进行的,在线教育也不例外。只不过由于教育思想、教育理念、教学方法和在线教育发展程度的不同,中美两国在线教育质量评价理念和指标要素各有千秋。

一、评价指标中的核心观测点不同

美国在线教育质量标准侧重于"学习者",我国在线教育评价标准侧重于"教师"和"课程内容"。美国各阶段制定的评价标准关注学习者"学的过程",从学生学什么、如何学等确定评价指标,为学生服务意识较强,各指标重点突出如何为学生服务,如何指导学生学习,突出为学生的服务是否全面具体,突出学习过程和学习目标的评价,各评价指标偏"微观具体",强调的是课程设置、目标确定、资源配置、教学互动、结果测量和课程技术等方面的掌控。综观美国在线教育质量标准,基本上每份标准都对服务学习者提出了要求。2000 年,美国高等教育研究所发表的《在线教育质量:远程互联网教育成功应用的标准》研究报告中指出,"学生服务评估指标"从学生学习前的准备,到学习中的帮助服务,再到建立学生投诉制度等,提出了服务学生的要求。2003 年,美国网络教育质量认证机构 QM 制定的《QM 标准》中的"学习者支持"提出了课程要为学习者服务的要求。2019年，美国最新版《在线学习质量国家标准》对学习者参与、学生评价、评价与学习者表现、学习者与监护人支持等都提出了要求，且无论是教学目的的确立，还是课程资源、教学方法的组建与选择，抑或是采取的评价方式皆从学生需要出发。"以学生为中心"的教学原则真正将重心放在促进学生健康成长上，关注学生不同的社会背景与个性差异，满足学生多样化需求。

我国的在线教育质量评价标准和规范中，对服务学习者的要求并不重视，更多的是对课程内容的要求，即教的内容。评价指标偏"宏观抽象"，从什么老师可以教、教什么、如何教等问题着眼，且特别注重应用效果与影响的评价，有专门的"应用效果与影响"指标。"应用效果与影响"指标可以促进课程团队在建设课程的同时关注运行效果，主动采取措施提高课程的影响和利用率，减少资源闲置。我国在线教育质量评价标准总体上属于全面、立体化的宏观评价，从课程团队、课程内容、课程设计到教学互动、应用效果、支持服务等，无所不包，是一个大一统的评价体系。2002年，我国教育部颁布的《教育信息化技术标准：网络课程评价规范》对课程内容的要求主要侧重于课程说明、内容的科学性、分块、编排、链接等方面；同年，《网络课程课件评测（认证）标准》对课程内容的规范、先进性、开放性和扩充性、知识点等方面提出了要求。2008年，《国家精品课程评审指标》对教学内容的针对性和适用性、组织和安排提出了要求。2015年，《国家精品在线开放课程评价指标体系》提出教学内容要弘扬社会主义核心价值观、立德树人、不危害国家及他人的利益，体现教学内容的科学性水平、更新完善等。

二、评价指标中的技术服务对象不同

美国在线教育技术的要求强调服务学习者,我国在线教育技术的要求强调基础建设、强调服务教学。

美国在线教育质量评价标准有关技术的要求一般强调技术对学习者的服务。《在线学习质量》中列出的 7 个方面的标准包含了 3 部分支持系统的评价,分别是机构支持系统(技术支持)、学生支持系统和教师支持系统。在《QM 标准》中,"课程技术"要求使用的技术要支持学习目标和工具、促进学习者的参与、保障学习者的数据和隐私,在之前标准的基础上,该标准新增了技术促进学习者参与的要求。在《在线学习质量国家标准》的子标准《在线课程质量标准》中,在以往技术保障隐私、支持学习目标或能力的实现的基础上,对技术支持教师教学也做出了要求,如为教师提供多种满足学生需求的选择、教师可控制课程内容的发布、可进行评分记录等,可见美国有关技术方面的要求大多还是建立在为学生服务、保障隐私、促进学生学习的基础上。

在我国《教育信息化技术标准:网络课程评价规范》中,技术作为一级指标是标准的关注重点,而对技术的要求主要体现在运行环境、安装、卸载、运行、兼容等方面。《网络课程课件评测(认证)标准》中也同样在兼容性、可靠性、安全性、规范性等方面提出要求。《国家精品课程评审指标》提到硬件环境能够支撑网络课程的正常运行,并能有效共享,同样是在运行方面做出要求。《国家精品在线开放课程评价指标体系》中提到平台应是安全的,且运行稳定通畅。综观我国对技术方面的要求,大多停留在基础建设方面,如安全性、运行稳定等,涉及技术支持学生学习的要求不多。

三、评价指标中的教学团队要求不同

美国在线教育质量评价标准重视教师、学校、社区、组织人员、监护人等多方面的支持，无"教师团队"指标，对教师的资历无具体要求。《在线教育质量：远程互联网教育成功应用的标准》研究报告中提到学校的支持评估指标和教师培训评估指标，其中学校的支持评估指标中要求学校应制订一份技术实施计划、建设教学网络传输系统、建立中央管理系统等。教师培训评估指标中要求应向教师提供技术支持、各种形式的帮助、指导咨询人员、有关技术材料等。《在线学习质量国家标准》的子标准《在线项目质量标准》中提到组织人员、教师与员工支持、学生与监护人支持等方面，其中组织人员方面包括人员充足、定期培训、考核、职责明确等；教师与员工支持方面包括入职辅导、得到反馈、提供专业发展机会、技术支持等；学生与监护人支持方面包括技术和实践的介绍、提供个性化服务、提供学习管理系统、学习内容及评价、建立教师和家长交流合作标准等。而我国的在线教育质量评价标准仅有 2 次对教学团队做出要求。

我国在线教育质量评价标准重视课程团队建设。《国家精品课程评审指标》中"教学队伍"对主讲教师的师德、能力与水平，以及教学队伍结构的"双师"结构和专兼职比例提出了要求。《国家精品在线开放课程评价指标体系》中"课程团队"对课程负责人、主讲教师、团队结构、团队主要成员等提出了要求，并要求同一课程负责人只能申报一门课程。除了对课程团队做出要求外，我国的在线教育质量评价标准并未对其他人员做出要求。

第四节　我国 K-12 在线教育质量评价标准制定的路径与思考

我国中小学在线教育起步不算晚,但更多的是在外围(校外培训)起作用,真正被中小学接纳还是因为新冠疫情影响了正常的课堂教学。从目前的情况来看,国家出台"双减"政策、严格校外培训监管、新时代教育多元化需求等,这些都会进一步推动中小学在线教育发展,在线教育质量评价标准的制定与完善迫在眉睫。通过前面的对比分析可知,我国中小学在线教育质量评价标准应该重视在线教育评价导向、学习者需求、多方协同支持和中小学教师专业发展等关键性指标,此外需构建在线教育内外评价体系。

一、重视评价导向

在线教育质量评价标准要发挥标准导向、诊断与激励功能,为规范教师线上教学行为、指导学生在线学习提供决策参考,为中小学在线教学效果的评估提供评价参考的依据,为在线教学质量提升提供一个标准参照。因各学校、教师和学生个体的差异较大,受制于网络平台和技术环境的影响,在线教学的实施效度存在差异。因此,在线教育质量评价标准需坚持育人价值导向,强化立德树人根本任务,体现学生信息素养、创新意识与实践能力的综合培育，坚持教师主导、学生主体，以评促教、以评助学，有效促进教师教的行为改进和支持学生在线学习的深度开展。另外，在线教育质量评价标准应重视教师对在线课程资源的合理选择与科学运用评估，以引导教师精选、优选课程资源，支持学生线上精准学习，有效提高在线学习成效。

二、重视学习者需求

学习者是在线教育的服务对象，对在线教育质量的评价离不开对学习者的关注。我国在线教育质量评价有涉及学习者的要求，但重视力度不够。《信息技术　学习、教育和培训　在线课程》中提到的有关学习者的部分仅是对学习者学习过程数据的分析。而学习者的需求是多方面的，我国在线教育质量评价标准应充分考虑学习者的需求，建立有关学习者方面的指标体系。如学习者服务是保障学习者在线学习的重要举措，不论是学习前的准备阶段、学习中的技术和相关人员的帮助，还是学习后的投诉制度等，都是在线教育中保障学习质量必不可少的。在线教育的信息安全方面也还未受到足够的重视，在充满大数据的现代信息社会，数据的保护不仅关系到个人隐私，甚至关系到人身安全。保护学习者的数据是重中之重，建立可靠、安全的数据保护标准是在线教育的前提。另外，有关学习者的互动、表现方面的标准也需要进一步完善。

三、重视多方面支持

在线教育作为传统课堂的重要补充形式，越来越受到社会各界、家长、学校等方面的肯定；同时，建立高质量的在线教育也离不开他们的支持。我国在线教育质量评价标准大多从课程本身、教学设计、技术支持等方面入手,较少提到有关其他方面人员的支持,仅有的标准也是对课程团队的要求。但高质量的在线教育离不开各方面的支持。我国在线教育质量评价标准还可以试着从组织人员、家长、学校方面提出要求,如对组织人员中的管理部门、技术人员、专业人员、监督人员等提出要求。而在线教育的有效实施也离不开家长的支持,特别是中小学在线教育。学校是有效实施在线教育的保障之一,可以对学校的技术支持、网络支持、管理系统支持等方面提出要求。

四、重视中小学教师专业发展

我国在线教育质量评价标准并未对教师的信息技术应用能力提出具体要求,但教师作为在线教育的中坚力量,其专业水平和信息技术应用能力直接关系到在线教育的质量,如:通过基于在线学习数据的分析诊断,促进线上教与学行为的主动改进,有效提升学生信息获取能力、自我管理能力,以及多种技术工具合理运用能力;基于学生学业水平,准确定位在线教学的课程目标,科学把握教师与学生在学习过程中的角色地位,促进在线教学课程目标的有效达成;利用网络技术工具在数据分析、诊断,以及自适应学习方面的便捷特点,对在线学习过程实施精准评价等。首先,建立有效可行的教师在线教育培训制度有利于教师的专业发展,可以从为教师提供技术支持、人员帮助、技术指导、相关材料等方面入手;其次,教师在课程方面的提升是教师本质的发展要求,除了在线教育培训,也离不开在线教育的课程培训,可以从课程与在线教育形式的适切性等方面入手;最后,打造具备在线教育专业能力的教师队伍除了为教师提供在线教育培训，还可以从考核教师的专业能力入手，将在线教育的相关内容纳入教师的评价指标和教师资格，以此了解教师对在线教育的掌握程度，提高在线教育的质量。

五、重视在线教育内外评价体系构建

美国 K-12《在线项目质量标准》中提到要从内部与外部 2 个方向展开建立完善的在线教育项目评估机制，内部关注学习者的学习效果，外部关注在线教育项目的发展情况。此外，《在线课程质量标准》《在线教学质量标准》也都提到要开展针对课程，以及学生学习效果的评价，鼓励采用多样化评价方式从多角度衡量学生的学习效果。健全的评估方式能够帮助政府相关部门了解在线教育项目的运行情况和教学效果，从而帮助实现教育目标，推动教育事业可持续发展。

我国需构建针对在线教育平台的评价体系。在线教育评价机制的制定，能够帮助在线教育平台了解当前发展存在的问题和改进的方向，有助于我国在线教育可持续发展，提高在线教育的国际竞争力。另外，在线教育质量评价不能局限于教育部门单方面审核，而是应该将行政部门、教师、学生、家长及第三方评估机构纳入评价体系。由于学生的学业成就水平同在线教育质量密切相关，因此在线教育评价机制还应包括针对学生的多种评价方式，如：将形成性评价与终结性评价相结合；鼓励学生进行自我评价，在提高学生自我监控能力的基础上，帮助学生更好地了解自己；制作评估量表，并对量表内容进行明确的描述，便于学生与教师参考。简而言之，对于学生的学业成就评价，要从学生学习能力、学习监控能力、社交能力、数字能力等进行全方位的能力评估。

第五章　直面与抵御：
中小学在线教育质量风险防范

　　在"中小学在线教育发展变迁"一章中提到，美国 K-12 在线教育源于第一所公立在线学校佛罗里达虚拟学校。佛罗里达虚拟学校包含补充在线和完全在线 2 种方式，完全在线是提供全日制的在线教育，补充在线主要面向全日制外的学生，向学生提供合适的在线学习方式。佛罗里达虚拟学校的教师和课程都有着权威的认证，这为 K-12 在线教育质量评价标准的制定和使用提供了早期做法。之后，美国陆续制定颁布了《在线学习质量》《在线学习认证标准》《QM 标准》《在线学习质量国家标准》，以防范在线教育质量风险。我国中小学在线教育源于 1996 年成立的首家中小学远程教育 101 网校。1998 年，教育部颁发的《面向21 世纪教育振兴行动计划》中提出建设"现代远程教育工程"。2003年，由"非典"引发的大规模停课热潮推进了中小学"网课"的小规模复苏，但好景不长。2014 年，教育部正式启动"一师一优课、一课一名师"活动，旨在以优质资源共享为纽带，更好地服务乡村教育。2020 年新冠疫情暴发,"停课不停学"成为 2020 年及之后一段时期的教学常态。在线教育快速发展,同时也受到前所未有的关注和质疑。胡钦太、薛二勇等学者关注在线教育的公平问题,期待在线教育提供"公平而有质量的教育"。[①] 李芒、赵磊磊等学者探讨了在线教育中由技术崇拜引发的弊端与伦理风险。[②] "双减"政策所提倡的减轻学生作业负担与减轻校外培训负担,旨在从源头上规范在线教育发展趋势,促进在线教育健康、规范、有序发展。

本章重点分析在线教育质量风险的内涵、分类、形成原因与特征,以及在线教育质量风险的防范化解任务、措施和对策等。

第一节　中小学在线教育质量风险内涵

一、风险

风险是发生不幸事件的概率,是指一个事件产生人们所不希望的

---

① 胡钦太、刘丽清、丁娜:《教育公平视域中在线教育的困境与出路》,《中国电化教育》2020 年第 8 期,第 14—21 页。薛二勇、傅王倩、李健:《论在线教育发展的公平问题》,《中国电化教育》2021 年第 3 期,第 1—7 页。

② 李芒、葛楠:《中小学在线教育病灶与治理》,《开放教育研究》2021 年第 4 期,第 41—49 页。赵磊磊、张黎、代蕊华:《教育人工智能伦理:基本向度与风险消解》,《现代远距离教育》2021 年第 5 期,第 73—80 页。

后果的可能性,是某一特定危险情况发生的可能性和后果的组合。从广义上讲,只要某一事件的发生存在 2 种或 2 种以上的可能性,那么就认为该事件存在着风险。以此为基点,这里将风险界定为在某一特定时间内,人们对特定主体目标实现的期望值与实际结果之间产生和存在的距离。风险具有社会属性和经济属性,表现出如下 8 个特点。

(1)客观性。风险是客观存在的,不以人们的意志为转移,对于风险,人们能做的是在一定范围内、一定程度上、一定时间中修复和改善风险形成和发展的环境,化解风险矛盾,降低风险事故频率,减少风险后果和损失,如由数字鸿沟引发的教育不公平。

(2)可能性。风险只是危险产生的可能,而非必然发展为现实的危险,控制得好,可能就不会发生。

(3)潜在性。风险通常不是显性的,不会明显表现出来,而是潜伏在安全的表象之下。

(4)人为性。风险能否被判断、认知和化解,取决于人们对相关内容的认知程度。只有在认知的前提下,才有化解的可能,如在线教育的监管是否到位,人工智能技术的教育应用是否恰当。

(5)责任性。风险一般都与责任有关,风险控制力的不足、防范的乏力都由责任和监控的失位、利益驱动的影响、管理行为的滞后、风险防范机制缺失等造成,如资本介入校外培训机构,导致在线教育机构无序扩张,问题重重。

(6)不确定性。在社会生活中,风险存在是必然的,但要成为危险,发生质的变化,也只是一种可能;同时,就某一具体风险而言,风险具有一种随机的不确定性,并取决于人们对风险的认知程度。

(7)可识性。单一的、具体的风险虽然无法确定和先识,但从整体的、宏观的角度出发,风险是有规律可循的,是可测和可控的。

(8)变化性。事物是运动变化的,风险同样也是在不断变化的,有量的变化和质的变化,有旧风险的过去、新风险的出现,万事万物都在变化中。

二、教育风险

有关教育风险的概念目前尚未形成统一的认识。根据对风险概念的梳理和学者对教育风险的界定,可以认为教育风险是在教育改革和教育实践的过程中,由教育系统外部和教育系统内部各种不确定因素对教育整体良性运行和协调发展造成损害性影响的一种可能性的关系状态。我们可以将教育风险理解为教育的实际结果偏离预期目标,从而对教育结果带来损害的一种可能状态。它既非既成事实,又非既定结果。当教育风险转化为现实时,其结果就是一种危害或危机。

教育风险具有风险的一般特点,也有其不同于一般风险的特性:一是教育风险本质上是一种人为风险,其产生、形成、爆发、减弱及消除往往与教育部门或教育相关人员的行为和认知直接相关;二是教育风险的潜伏期和持效性较长,其影响不仅体现在当下;三是教育风险是可以被识别和预测的;四是通过科学的手段认清了风险源,可以通过规避、降低、转移等方法对教育风险进行管理和调控;五是鉴于引发教育风险的内外部环境具有复杂性和关联性,教育风险不能被完全消除。

三、在线教育质量风险

在线教育质量风险是由在线教育运行决定的,是教育风险在某方面的表现,只要在线教育处于良性和有序发展状态和发展时期,运行有安全保证,就可以解决在线教育质量问题。也就是说,在线教育风险可视同为在线教育质量风险。就在线教育运行的安全性而言,任何影响在线教育安全、良性运转的危险因素都会成为在线教育风险。由于在线教育自身的特殊性,其责任主体已远远超出了传统教育风险责任主体的范畴。在线教育开展实施的社会环境、技术环境、文化环境、评价环境,以及在线教育的政策制定者、教育者、受教育者、服务人员、管理人员、监管部门、机构、供应商等,都已成为在线教育风险的责任主体,从而使在线教育风险内涵、评估手段及化解措施都发生了质的变化。在线教育质量风险可理解为在线教育面临的一种可能、潜在的危险,即在线教育这个由特殊主体责任者主导的教育形式,在运行过程中,孕育着事故频发、后果叠加、矛盾化解力受质疑、危险因素内容增加、社会评价及认可度降低等各类问题的不安全态势。在线教育的安全取决于自身对风险的认知和抵御能力的强弱。

第二节　中小学在线教育质量风险现状分析

教育风险具有复杂性,分析在线教育质量风险现状,可从确定在线教育质量风险类型、明确在线教育质量风险成因与特征等方面进行。

一、在线教育质量风险类型

按照教育风险的起因和表现形式,在线教育质量风险可分为内源性风险、外源性风险和综合性风险 3 类。

(一)内源性风险

内源性风险是由在线教育自身问题引起的风险,以及在线教育系统内行为主体制造的风险,如对在线教育的定位、在线教育与教学管理认知、师生信息素养等均可引发在线教育质量风险,主要表现有教育管理风险、教育评价风险和信息素养风险等。

1.教育管理风险

教育管理风险是指由管理不善或判断失误等原因给教育带来损害的不确定性。在线教育不是新生事物,但对于中小学而言,可以认为是新生事物,因为在线教育在中小学教育里一直处于边缘状态,如果不是新冠疫情,在线教育难以进入正式教育系统和公众视野。当前,公众对于在线教育的关注要素和关联要素主要体现在目标、评价、内容、实施、教师、学生等方面(见图 5-1),对于在线教育如何管理、在线教育与传统课堂教育有何不同、教育质量如何衡量等问题仍然在深入研究中,有效的在线教育管理体系尚未形成。由于新冠疫情期间在线教育规模巨大、参与在线学习的人数众多、师生使用的在线学习平台与工具繁杂(这种教学情况在疫情常态化管理后有所缓解),各地区、各学校的教学管理工作面临前所未有的压力。为确保在线教学质量,各地各校临时出台了一些在线教学质量督导管理制度,但由于大家对在线教育认识不到位、理解有偏差,再加上相关制度出台仓促,传统教育管理惯性思维仍占主导,出台的制度本身有不完善之处,在具体实施管理的过程中,在线上教学与评价管理、基于数据的管理与数据应用、家校协同管理等方面存在诸多不足,所以在线教育质量不尽如人意。[①]

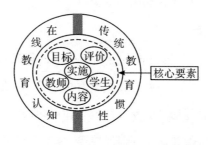

图 5-1　在线教育与传统教育核心要素关联

2.教育评价风险

教育评价是指对教育活动满足社会与个体需要的程度做出判断的活动,即对教育活动已经取得的或尚未取得的价值做出判断。在线教育评价事关教育发展方向,也直接影响公共教育资源的配置、学校的办学行为、教师的教学行为、学习者的学习行为和在线教育平台提供的服务行为,同时影响着全社会的教育观念与教育选择。教育评价风险主要是指对在线教育的内涵、定位、运行规律等认识不足,没有开展合适的在线教育评价,使评价在一定程度上丧失导向、监督、鉴定、管理、诊断、激励等功能,影响了在线教育质量提升、在线教育相关政策制定、在线教育管理和指导等。国家教育部发布 2019 年工作要点明确提出推进信息技术与教育教学深度融合、深化教育评价体系改革、系统推进教

---

① 胡钦太、刘丽清、丁娜:《教育公平视域中在线教育的困境与出路》,《中国电化教育》2020 年第 8 期,第 14—21 页。

育督导体制机制改革等 34 项重点。为加快推进教育现代化、建设教育强国、办好人民满意的教育,2020 年 10 月,中共中央、国务院印发了《深化新时代教育评价改革总体方案》,再次强调与时俱进教育评价的重要性,要求针对不同主体、不同学段、不同类型的教育特点和教育规律,提出坚持科学有效,改进结果评价,强化过程评价,探索增值评价,健全综合评价,提高教育评价的科学性、专业性、客观性。在线教育重构了教育生态,对于在线教育质量的评价不能按照传统的教育评价理念、模式、方式方法和手段等进行,需充分考虑在线教育规律和构建新的教育评价体系,明确在线教育评价的目的、评价主体、评价对象和评价内容等,制定恰当的评价指标体系,以解决在线教育评价的导向性和增值性问题,实现监督管理和诊断激励功能。

3.信息素养风险

信息素养风险是指在线教育系统内各类责任主体(特别是师生和管理者)的信息素养水平对于在线教育质量的影响所引发的风险。早年由财政和地埋引起的教育信息化普及程度低,使得学生无法获得在线教育所必需的网络、技术或学习工具,以及教育资源等层面的数字鸿沟,在经过了教育信息化 1.0 之后,已基本得到改善。现阶段面临的数字鸿沟主要是数字能力鸿沟,其本质是即便有网络、技术、学习工具,以及数字化学习资源,但是学生、教师或管理者由于缺乏信息素养而无法获取或使用这些工具和资源以提升学习、教学或管理水平。学者王珠珠认为未来教育必将呈现出 3 个特点,在线教育将成为常态:一是线上线下融合的教与学成为主流(新冠疫情推进了在线教育进程);二是建立在数字化、网络化、智能化基础上的个性化、终身化学习将变得更加重要和普遍;三是智能化将引发教与学更加深刻的变革,非正式学习和混合学习将成为主要的学习方式。①《教育信息化 2.0 行动计划》提出的"三全两高一大"发展目标中的"两高"就是指要着力提高教育信息化应用水平和广大师生信息素养。

在线教学并非简单地将线下课堂内容照搬到线上,它的出现意味着教学模式的转变,以及师生关系、同伴关系、家校关系的改变。随着在线教育在中小学日益普及,信息技术与课程教学融合技能已然成为教师的专业发展需要。从新冠疫情期间教师的表现来看,中小学教师基本具有了较为扎实的在线教学能力,教师的在线教学发展素养、在线教学指导素养、在线教学评价素养、在线教学设计素养、在线教学技术素养均达到了较高水平,但仍有相当一部分教师数字胜任力和教学创新力不足,在线教学效果不理想,在线教育质量不容乐观。另外,在线学习对于学生的信息技术应用能力、心理状态和自我管理也提出了不小的要求和挑战。胡艺龄、聂静、顾小清等学者研究发现,乡村学校的学生在在线学习过程中存在更多的技术困难,对新技术的学习掌握程度与城区学校学生相比存在差距。城乡学校学生心理健康程度存在显著差异,这种差异体现在家庭支持性环境和学校提供的保障措施上。与乡村学校学生相比,城区学校学生拥有更好的家庭支持,以及学校在心理、学习、技术上的及时帮助。② 为避免信息素养不足导致的在线学

---

① 王珠珠:《教育信息化 2.0:核心要义与实施建议》,《中国远程教育》2018 年第 7 期,第5—8 页。
② 胡艺龄、聂静、顾小清:《从机会公平走向发展公平——疫情之下我国中小学大规模在线教育的城乡对比分析》,《中国远程教育》2021 年第 5 期,第 13—21,76—77 页。

习质量下滑，除了提升教师的信息技术应用与创新能力，培养学生自主学习的习惯、自我导向、自我管理的能力也尤为关键，同时需全面提升家长的信息化素养，形成家校合力，发挥协同价值。

（二）外源性风险

外源性风险是由在线教育外部因素造成的风险，有公平风险、资源风险、行业风险、监管风险等。外部因素则包括在线教育资源与环境、在线教育相关决策制定、在线教育行业规范、在线教育管理、社会评价与认可度等。

1.公平风险

从根本上来说，教育均衡和教育公平的问题其实是教育资源的配置问题。习近平总书记高度重视教育公平问题，提出以信息化为手段扩大优质教育资源覆盖面，通过教育信息化，逐步缩小区域、城乡数字差距，大力促进教育公平。现实情况是教育资源有时会受到空间和时间的限制，但在线教育能克服这些限制，所以发展在线教育、建立虚拟的在线学校是一个保障教育公平、实现教育均衡的比较合适的途径。当然，也有部分研究者认为依赖信息技术与资源的在线教育应用也有可能会产生新的数字鸿沟，从而加深不同区域、不同学校、不同群体学生之间的教育公平问题。[①]

胡小勇等学者指出，在线教育公平涉及起点公平、过程公平和结果公平3个层面的问题（见图5-2）。起点公平重在机会层面的公平，即每

---

① 薛二勇、傅王倩、李健：《论在线教育发展的公平问题》，《中国电化教育》2021年第3期，第1—7页。

个个体都能克服经济、家庭、阶层等现实因素的影响,人人享有平等的在线教育机会;过程公平指个体在受教育过程中受到公平的对待,强调关注学生的发展需求;结果公平指个体最终能获得符合自身特点的个性化教育,自身潜能得到充分发挥。由于教育发展不平衡不充分的矛盾仍然突出,不同区域、不同经济发展水平和不同类型家庭间的教育观念、教育方法、教育能力和教育效果存在明显的差距,这种差距会影响并放大在线教育的不平等。特别是农村地区的学生,虽然教育信息化基础设施有所改善,但相对于城市学生而言仍处于较低水平,在线教育开展的起点公平仍未达到有效的保障,一定程度上影响在线教育的质量。[1]

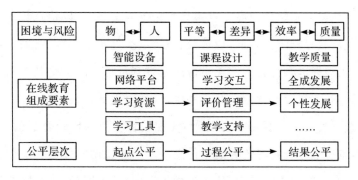

图 5-2 在线教育公平问题

政府和社会层面当前关注最多的是受教育机会问题,重点突出"物"的建设,投入了大量人力、物力、财力开展基础设施和教育资源建

---

① 胡小勇、许婷、曹宇星、徐欢云:《信息化促进新时代基础教育公平理论研究:内涵、路径与策略》,《电化教育研究》2020 年第 9 期,第 34—40 页。

设,大力发展教育信息化,但新的信息技术往往会加大社会原有的不平等,将越来越多的人置于新一轮数字鸿沟之中。在国家顶层设计的规划与引导下,伴随着以教育信息化为手段和目标的系列世纪工程的有效落实,全国中小学信息化基础设施水平得到大幅提升,优质教育资源覆盖面不断扩展,精准在线教育设施投入使用,保障了准入公平。"人"的层面上的教育公平依赖于教育过程公平的实现。对于在线学习,学生群体差异在逻辑上会转化为关键因素影响学习过程,并造成学习结果差异。当然,提高信息技术素养,可在一定程度上保障学生使用公平。另外,教师作为在线教育的实施者和质量保障的最重要因素之一,在过程公平层面,教育欠发达地区优质师资的缺乏影响了学习支持服务的开展,其信息素养与个体差异在一定程度上也影响了在线教育的过程公平。教育公平的实质和最终落脚点在于教育结果公平,其核心内涵是确保在线教育质量,关键在于在线教育是否公平地促进了学生的全面发展和个性发展。在结果公平层面,教育欠发达地区先进教育理念的缺位和评价体系的不完善,使得在线教育成为固化传统教学模式的手段,学生全面发展的需求难以满足。[1]

2.资源风险

资源性风险主要表现在学习资源的质量和师资队伍的质量上。实现教育公平需要降低成本,在线教育有着更低的边际成本,能弥补教育资源不对称现状。在线教育海量的优质教育资源解决了因时间和空间

---

① 胡钦太、刘丽清、丁娜:《教育公平视域中在线教育的困境与出路》,《中国电化教育》2020年第8期,第14—21页。

带来的限制,有着促进教育公平的作用,优质教育资源是信息化手段消弭城乡教育发展鸿沟的基础。在线教育的社会认可度部分取决于与教学资源建设、学习支持服务质量相关的课程资源标准与规范情况,课程资源标准缺失与规范不足会实质性影响在线教育质量与水平的提升。在线教育进一步发展需要依托优质教育资源,利用互联网加快在线资源开放共享,推动资源整合,确保每个教师和学生均能享受优质资源。目前,高等教育领域的在线教育资源质量标准比较完善,可以引领"金课"课程资源打造,但中小学在线教育资源的规范建设还没跟上,需加快中小学课程相应的资源建设标准,对各学科、各学段新建的和现有的线上教学资源进行规范和梳理,根据资源类型和使用场景进行分门别类,例如适用于线上教学的资源、适用于学生自学的资源、适用于线下教学的资源等。

在线教育师资队伍主要包含课程(专题)主讲教师、开展线上线下融合的学校教师。师资是在线教育的核心竞争力,但目前在线教育行业整体师资状况堪忧。自 2019 年 5 月以来,多家机构爆出"线上教师无证上岗""师资信息公示不全""外教资质无法查询"等问题。由于缺乏相关的行业标准和准入门槛,进行在线教学的师资水平毫无保障,只要照着教材念,任何人都可成为一名在线教育的教师,这严重影响在线教育质量。另外,学校教师的在线教学能力一定程度上也影响在线教学的质量(成效),这部分在信息素养风险中有提到。

3.行业风险

教育行业本身是一个发展相对较慢的行业,资本的力量能推动包括在线教育在内的整个教育行业快速迭代和迅速做大。由于新冠疫情的发生，在线教育市场得到了高速发展。艾瑞咨询数据显示，2020 全年在线教育市场规模达到 2573 亿元，同比增幅达 35.5％。[①] 天眼查数据也显示，2018—2020 年全国在线教育相关企业分别为 50.66 万家、60.69 万家、70.58 万家，增长趋势明显。如经过 20 多年发展布局的新东方版图已涵盖 K-12 校外辅导、海外及国内备考、成人语言培训、学前及中小学教育等众多业务线。但资本的介入也将在线教育行业推向了企业竞争加剧、获利成本高、行业内耗严重的困境。在线教育机构从 2018 年的 40 万家，发展到了 2021 年的 200 多万家。

资本大规模介入在线教育引发了一系列新的问题。一是一些线上培训机构为了占领行业主导权，恶意降低收费，以赔钱的模式运营，在挤垮中小机构造成行业发展不平衡的同时，自身也面临经营风险，一旦融资跟不上，资金链断裂，企业就可能迅速倒闭，造成群众预收费无法退回。比如非正常停业的"学霸君""优胜教育"等，这些企业大规模预收学费，造成家庭财产安全隐患，损害了群众的利益。二是当前校外线上培训机构普遍通过融资进行资本运营，但过于逐利，一些线上培训机构为了获取客源，不把钱用在提高服务质量的刀刃上，而是在各大媒体上铺天盖地做广告，部分在线教育产品和平台充斥大量广告，甚至存在诱导消费、游戏的入口或链接。三是不断融资烧钱、低价获客的经营策略，使在线课程的师资水准、教学质量和学习服务难以得到保证，教师假资质、霸王条款、套路营销也成为在线教育行业投诉热词。四是部分

---

① 凤凰网：《315 大调查：在线教育一地鸡毛》，2021 年 3 月 16 日，https://finance.ifeng.com/c/84fE5Ot6s0K，2022 年 6 月 5 日。

"抢跑学习""超前教育"内容不符合儿童发展规律。五是在线教育的信息安全面临数据和隐私泄露、知识版权受侵、资金安全难以保障、错误价值观引导等问题。①

由于资本的助推,在这种完全互联网化的营销模式席卷下,在线教育不是靠课程品质、教学效果、教育服务等获得市场的选择和青睐,而是被资本逐步主导和影响。这已经偏离了教育规律本身。教育的本质,归根结底还是公益性的,脱离了这个本质属性,充满资本泡沫的在线教育,不仅会摧毁最基础的教育公平,还会带来可怕的道德坍塌。当教育成为一门生意时,或者当教师开始辗转于各大机构捞钱时,教育就彻底沦为资本的枪手。对于在线教育来说,在线只是手段,核心还是教书育人,在线教育行业需要满足的终究是人们对优质教育的需求和对教育公平的渴望。

4. 监管风险

监管风险主要是指在线教育监管不到位引发的教育风险、市场风险和信息安全风险,进而影响到在线教育质量。在线教育的范围既包括教育部认可的学校教育,也包括市场上的各类校外培训;其服务对象涵盖各个教育阶段,包括学前教育、中小学教育、高等教育、继续教育等;其业务范围包括学科类教学和非学科类教学。② 自 2020 年新冠疫情防控以来(实际上从 2019 年暑假资本快速进场开始,在线教育就有

---

① 袁磊、雷敏、张淑鑫、覃颖、黄宁:《把脉"双减"政策 构建在线教育信息安全体系》,《现代远程教育研究》2021 年第 5 期,第 3—13 页。

② 王娟、郑浩、李巍、邹轶韬:《智能时代的在线教育治理:内涵、困境与突破》,《电化教育研究》2021 年第 7 期,第 54—60 页。

发展迅速迹象),在线教育发展走上了"快车道",其间在线教育发挥了教育理念创新、优质教育资源供给的重要作用,线上线下教育融合发展成了大势所趋。[1] 但霸王条款、虚假广告、任意停课、技术故障、质量不高、服务不佳、卷款跑路等随之而来的问题也引起了社会广泛关注。同时,信息安全方面也面临数据和隐私泄露、知识版权受侵、资金安全难以保障、错误价值观引导等问题。这些问题有技术方面的问题和行业主体本身存在的问题,但更多的是教育监管滞后方面的问题,如在线教育监管主责部门不清、资源管理不严、系统规划不够、支持手段不多、监管力度不足等。在线教育监管涉及在线教育机构准入监管、在线教育用户信息保护监管、在线教育机构办学及教师资格监管、在线教育课程内容及收费监管等方面。在线教育监管范围广、类型多、情况复杂,既有信息技术、校外培训,又有意识形态、思想健康,同时涉及企业管理、教育教学等诸多内容,牵涉的职能部门很多,需加强监管和统筹协调。在线教育是蓬勃兴起的新兴产业,在线教育监管是全新课题。2021 年 1 月,中央纪委点名在线教育,提出"企业主体是谁?资本大规模介入引发哪些问题?如何加强监管?"三连问,直指在线教育的问题点。[2]

(三)综合性风险

综合性风险是指由内外风险交织结合形成的风险,在线教育质量风险主要有运营风险、技术风险和决策风险等综合性风险。

---

① 邹松霖:《K12 在线教育烧钱大战背后的商业与资本逻辑》,《中国经济周刊》2021 年第 6 期,第 94—96 页。

② 吴晶、韩亚栋:《资本漩涡下的在线教育》,2021 年 1 月 18 日,https://www.ccdi. gov.cn/toutiao/202101/t20210118_234020.html,2022 年 6 月 5 日。

1. 运营风险

运营风险是指在线教育在运营过程中,由外部环境的复杂性和变动性,以及运营主体对环境的认知能力和适应能力的有限性,而导致运营活动达不到预期的目标的可能性及其损失等。从在线教育发展史上看,最传统的录播网校在商业模型上是最健康的,因为录播网校成本符合互联网项目发展曲线,并且用户群体主要是成人,具有一定的主动学习意愿。但录播网校的模式在面向 K-12 教育时效果不是很理想,因为学习者主要是中小学生,自制力不强,而在线教育买单的是家长。于是在线教育企业希望通过内容吸引家长,却又发现纯内容变现不具有市场条件,因为教育的本质是服务。当在线教育一方面需要重视网上教育服务,另一方面又要借用互联网的套路,去扩张供给以垄断教学资源、占有市场时,势必会遇到不可调和的矛盾。但在发展速度和规模要求的压力下,在线教育企业为了发展与盈利,会在师资、流量、竞争策略乃至财务策略、管理手段等方面,做出牺牲质量以求得速度的调整,从而偏离了在线教育的初衷。

2. 技术风险

技术性风险是指由科学技术的发展和生产方式的改变给教育带来损害的不确定性。科学技术在为教育现代化做出革命性贡献的同时,也给教育事业带来了诸多不可预知的风险。其中人工智能和大数据对教育的冲击最为明显。人工智能技术打开了智慧教育的大门,同时也使教育技术风险、教育管理风险、教育伦理风险等各类风险交织。受益于科技进步和大数据、人工智能、语音识别、直播互动等新兴技术的应用,在线教育行业的教学体验及教学效果得到提升,在线教育用户的认可度和接受度日益提升,在线教育人群规模持续扩大。在线教育的发展需要适应大数据、人工智能等新兴技术的发展,这要求在线教育企业的产品迭代速度加快、持续创新能力增强,以不断满足市场需求的同时提高平台的竞争力,平台与人员面临技术更新风险。另外,恶意软件攻击、用户信息泄露、恶意篡改网站等问题除了会造成在线教育的用户隐私被泄露,还会严重影响平台用户的使用体验,这也要求平台与技术人员不断提升技术以应对网络安全问题。当然,对新兴技术不可预知和过度崇拜而引发技术应用方面的风险更大,如人工智能技术应用时忽视智能技术还原教育世界的本体风险、遮蔽智能技术表征教育生态的认识风险、轻视智能技术违背教育初心的价值风险、滥用智能技术导致教育治理的伦理风险等(见图 5-3)。

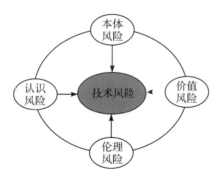

图 5-3 人工智能技术应用风险内涵

个体对技术过度迷恋容易导致主体话语权的缺失,从而影响师生间、同学间情感表征和价值观,以及动之以情、导之以行的育人根基。在人工智能技术的倒逼下,教育内容具有更大的密度和吞吐量,这让学习者经常感到无所适从,且当教育内容越发满足学习者的个性化需求时,同伴之间的竞争力将会明显弱化,这会阻碍学习者持续努力的信念与动力。[①] 另外,课程中技术的强势介入,加之技术本身更新、升级的频率之快,使得课程在疲于应付技术中忘却了自我,技术与课程的角色出现本末倒置。从内源风险来看,新兴技术应用于教育的不确定性、不可知性、非线性及局限性扩大了风险发生场域;从外源风险来看,由于尚未厘清新兴技术介入教育生态的基础机制、普遍性规律及特殊情境,使得原本复杂的生态系统衍生出更多新的风险,并将特殊化的内源风险转化为普遍风险。这种因技术交互所引发的外源风险、内源风险,以及与教育生态系统本身的复杂性耦合,加剧了新兴技术应用风险发生的可能(见图5-4),进而影响在线教育质量风险的监控、防范与治理。

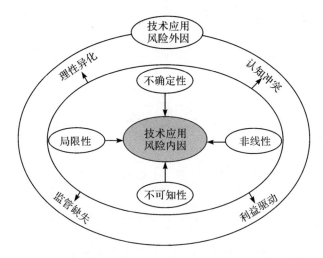

图 5-4　新兴技术应用的内源风险与外源风险引发的综合性风险

---

① 李世瑾、胡艺龄、顾小清:《如何走出人工智能教育风险的困局:现象、成因及应对》,《电化教育研究》2021 年第 7 期,第 19—25 页。

3.决策风险

政策性风险是指由国家宏观教育政策给教育带来损失的不确定性。教育政策在出台、贯彻、施行的过程中会受到诸多因素的影响，这些因素会进一步影响政策的科学性、可行性和适切性；且教育政策很难一蹴而就地解决长时段的发展性问题，需要根据政治、经济和文化的发展不断进行调整，在这个过程中就有可能发生偏离教育目标的事件。在线教育重大决策风险是指由重大决策带来的负面偏差发生的可能性及其影响。在线教育的发展离不开政策的支持和引导，同时在线教育行业也会受到相关政策的监管和约束。在线教育决策主要包含对既有教育管理体系的加强、对既有教学秩序的维护、对教育思想失控的规避，以及对学生群体利益的保护。教育决策风险既有教育传统风险，又有教育现代化风险。当前在线教育发展的环境越来越复杂、利益诉求越来越多元，更加公平基础上的高质量发展压力越来越大，实现科学发展的任务越来越艰巨，区域性群体性突发事件层出不穷，在线教育危机事件也不断出现，导致教育决策风险的不确定性加大、复杂性提高。当前在线教育重大决策风险防范缺少多主体、开放性、系统性的多元共治机制。风险识别不够精细，风险评估不够精确，风险研判不够精准，导致在线教育决策风险防范不够有效。[①]

二、在线教育质量风险成因与特征

中小学在线教育质量风险的形成与在线教育的推动主体和受益主

---

① 倪娟：《从"遇见"到"预见"：教育重大决策风险的"中国之治"》，《教育研究与实验》2020年第5期，第34—40页。

体有关。就目前来看,在线教育的推动主体主要是政府、市场和有关在线教育的共同体(高校、社会组织等)(见表5-1)。政府作为行政主体,主要通过设立相应的行政部门和研究机构、出台相关政策、提供必要的财政支持等途径来推动在线教育,为在线教育的发展提供良好的政策环境和方向指引。如教育部直属单位中央电化教育馆,以及2004年成立的教育部基础教育资源中心在基础教育的远程教育推广方面做出了很大的贡献:开发基础教育教学资源,建立教育教学信息资源库,为不同经济区域的中小学服务;承担国家和中外合作的中小学现代远程教育项目的具体实施工作;参与中小学远程教育网络建设并提供相关服务;等等。政府推动在线教育的主要目的是公益目的(教育公平),次要目的是经济目的。由于教育本身属于公益事业,政府在推动在线教育的过程中注重在线教育的开放性和共享性,以便更好地实现对优质教育资源的扩散和普及。市场推动在线教育的目的与政府的公益性、政策性支持不同。市场对于在线教育的推动是依托企业,通过将在线教育商品化来完成。就企业来说,市场利润是主要的,其推动在线教育的根本目的是盈利,教育事业的公益性发展只是附带目的。共同体推动在线教育的载体主要是高校和社会组织,其推动在线教育的目的是提供接受公平教育的机会,尽可能解决教育发展不平衡、不充分问题,公益性非常明显。

表 5-1　在线教育的推动主体及风险关联

推动主体	推动载体	推动目的	推动举措	主要风险关联
政府	部门、研究机构	公益（经济文化发展）	政策引导、财政支持、监管	公平风险、决策风险、监管风险
市场	企业	市场利润	技术、平台、产品、资金	技术风险、运营风险、行业风险、资源风险
共同体	高校、社会组织	公益（教育发展）	基金、平台、学习资源	运营风险、资源风险

可见,不同的在线教育推动主体由于推动的初衷和目的不同,所以对于教育公平问题的解决态度是不一致的。政府推动在线教育是以公益为主,与解决教育公平问题的目标较为一致;市场推动在线教育主要以利润为主,与解决教育公平问题的目标不完全一致,但却是在线教育在市场经济中必须面对的发展方向;共同体推动在线教育也是以公益为主,尤其是高校拥有生产在线教育的能力,是解决教育公平问题必须重视的对象。另外,因为推动在线教育的出发点不同,从不同角度来看,不同的推动主体关联的风险也有所差异,政府推动在线教育可能隐藏的风险主要是公平风险、决策风险、监管风险;市场推动在线教育的主要风险是技术风险、运营风险、行业风险、资源风险;共同体推动在线教育的主要风险是运营风险、资源风险。而在线教育的受益主体主要是中小学及师生,可能关联的在线教育质量风险主要体现在内源性风险,如教育评价风险、教育管理风险、信息素养风险等。

(一)在线教育质量风险形成原因

1.思想认识偏差

由于新冠疫情对传统教学的冲击,中小学教育经历了"停课不停学"的考验,这期间教育信息技术发挥了巨大作用,在线教育、在线教学、网课等无人不知。但是,在很多教育工作者的意识中,在线教学也只是在特定时期起到了"替代"的作用,教学只是形式上的改变(直播或录播),普遍的现象是教师变成了"主播",教学从"线下"搬到了"线上",不仅原有的教学结构模式、教学评价、教学管理等没有多大改变,反而在线教育对传统教育的教学模式、教学管理、教学评价等起到了"固化"甚至是"强化"的作用,甚至较多经济欠发达地区的农村中小学和教师抵触在线教育,这些都是由对在线教育认知不足、传统课堂思维惯性制约、对外部支持不理解或不熟悉、没有深刻认识到教育教学理论或学习理论丰富后对信息技术需求的迫切性、未能有效建立在线教育核心要素之间的"关联"等因素引起的。他们没有深入思考过如何借助在线教育解决城乡教育资源配置差距大、偏远地区学生就近入学难、乡村办学条件和环境相对较差,以及农村教师资源质量不均、教师层次的相对落后等问题。

后疫情时代,教育在内涵发展上和人才培养上需要用信息技术解决什么问题?如何解决这些问题?基础教育高质量发展最重要的问题也是最需要解决的问题是什么?在线教育如何赋能新时代基础教育发展?如何实现个性化培养与规模化教育的有机结合,以促进学生个性化成长与全面发展?如果元宇宙的趋势成为现实,将极大地影响在线学习,改善在线学习体验,从根本上改善学习者认知过程,那么教育工作者应该如何重新认识中小学在线教育?这些都是每个教育工作者要思考的问题。

2.商业利益驱动

在线教育的本质是要横跨教育和互联网2个领域。从宏观层面来说,基础教育是一项公益性、公共性和综合性的社会事业,而互联网的商业本质在某种角度而言就是金融操作,其金融本质主要体现在互联网项目并非以传统企业的供应、收入、盈利、发展的自然规律运行,而是通过金融资本的支撑,企业不计成本快速扩张,获得市场份额后再考虑收入和盈利,特别是在线教育行业的流量竞争,这就注定了在线教育机构既要培养市场,又要与传统的线下机构竞争,还要应对同行业竞争,这样的竞争压力使行业关注流量胜过质量,并会使流量成本进一步居高不下,最终导致在线教育行业在竞争中一步步偏离教育的本质。

3.教育管理和监管滞后

虽然在线教育发展历史不短,但是因为各种因素,中小学在线教育一直不受重视,学界对中小学在线教育的理论与实践研究也较少,不管是在线教育的推动主体(如政府、企业)还是在线教育受益主体(如中小学管理部门及师生等),对在线教育规律认识不到位,只看到在线教育的本质定位和基本要求,忽视了在线教育提供的是教育服务,必然不同于其他一般性商品服务,在线教育必须尊重教育规律,遵守教育的政策约束,对于在线教育的管理和监管要充分考虑在线学习的本质和教育的特殊性。一旦相关的教育管理体制机制和监管政策滞后,必然会引发在线教育质量风险。

(二)在线教育质量风险主要特征

1.各类风险交织,综合性特征明显

社会进入新发展阶段,技术更新迭代加速,在线教育发展面临多方面优势和条件,但教育发展不平衡、不充分问题仍然存在,各类教育风险相互交织、叠加放大,风险的复杂性、不确定性特征更加明显,综合性风险表现得更加突出。如人工智能技术应用风险,智能算法应用同时也会引发教育公平风险、决策风险、资源风险等。

2.经济社会转型,外源性风险加剧

经济社会转型使在线教育风险增加,内部外部、主体客体、部门与企业管理缺位漏洞、思想意识行为实践等从不同时间、角度、场合、方式共同发力,作用于在线教育,影响在线教育发展。现阶段我国中小学城乡之间、区域之间校际发展不平衡还很突出,在在线教育分配过程中不同群体之间存在着不公平现象。在在线教育中,处在技能门槛之内的人群由于以往对信息技术的使用和对自身领域的熟悉,能够以更高的效率找到自己所需要的教育内容,用以解决自身问题;处在技能门槛之外的人群则很难进行教育资源的有效利用,不能将其转变为现实生产力。新的数字鸿沟将内源性风险发展为外源性风险。

第三节　中小学在线教育质量风险抵御

一、在线教育质量风险抵御原则与任务

习近平总书记在关于防范化解重大风险重要论述中指出:"要增强

忧患意识、未雨绸缪、抓紧工作,确保我国发展的连续性和稳定性。各级党委和政府要增强责任感和自觉性,提高风险监测防控能力,做到守土有责、主动负责、敢于担当,积极主动防范风险、发现风险、消除风险。"这样的要求同样适用于在线教育质量风险防范与抵御。

(一)在线教育质量风险抵御原则

第一,坚持"防范"为先。凡事预则立,不预则废。需从建立风险管理体系、加强风险管理能力建设等方面入手,强化风险排查、风险研判、风险预警,加强对各种风险源、风险点的动态监测,及时发现、果断处置各种苗头性、倾向性问题,做好在线教育质量风险防范和抵御准备。

第二,坚持"化解"为主。风险化解是最直接、最现实的考验。要练就抓主要矛盾的能力,在重点问题上聚焦,精准施策、靶向排雷,综合施策、标本兼治,做到系统应对、化险为夷、总体可控。要提升统筹兼顾的水平,既立足当前、着力治标,为治本赢得时间和空间(如出台"双减"政策),又着眼长远、完善体制机制(如国家中小学网络云平台升级为国家中小学智慧教育云平台),为治标巩固成果,根除风险隐患源头。

第三,坚持"守住"为本。底线是必须守住的根本,是绝不能触碰、践踏和逾越的临界点。部署和推动任何工作,都要想清楚底线在哪里、风险有多大,在守住底线的前提下进行,"绝不能犯战略性、颠覆性错误"。要始终牢牢把握稳中求进工作总基调,坚持在线教育的底线思维(如立德树人、教育公平),坚持稳中求进、以进固稳,有效防范、管理、处理各种风险,有力应对、处置、化解各种挑战。

第四,坚持"转化"为要。坚持底线思维,不是消极、被动防御,而是善于危中寻机、借力打力,将已有的矛盾和风险向好的趋势转化。要深刻把握在线教育的新内涵,把防范化解风险转变为在线教育良性发展的机遇窗口,深化教育改革,通过在线教育推进教育信息化和教育现代化,实现公平有质量的教育。

(二)在线教育质量风险抵御任务

风险抵御的主要任务是增强防范与抵御风险的意识,提高抵御风险的能力,建立健全风险预警、风险决策、风险协调、风险处理、风险保障、风险反馈、风险评估等风险防范的机制。

风险评估是对识别出来的各类风险进行评估,科学分析风险的可能性和严重性,首先通过风险比较、排序,在风险矩阵中确定各类风险的具体位置,从而准确界定风险的等级;然后考虑风险处置,即风险分类分级后,究竟应该怎么办,如何有针对性地采取管控措施,如何采取风险保留、风险降低、风险转移、风险规避等不同方法,对各级各类风险分类施策。在风险处置中,不同部门、不同区域、不同行业要做好合理的权责分工,齐心协力、齐抓共管,对重大风险进行联防联控、协同应对。由于风险不是一成不变的,它会随着时间空间的变化而不断变化,所以还需做好风险监测,掌握风险的最新态势,如哪些方面发生了重大变化而又有哪些方面保持不变。风险监测的任务,就是及时跟踪、动态感知、实时监控风险态势,做到态势清、情况明。风险防控与抵御在于把风险化解在源头,不让小风险演化为大风险,不让个别风险演化为综合风险,不让局部风险演化为区域性或系统性风险。"冰冻三尺,非一日之寒。"重大风险往往会经历一个孕育生成、发展演变、升级失控的演化过程,现实中的诸多事例也表明,重大风险事件的发生往往都是量的积累的结果。

二、在线教育质量风险抵御思路与对策

(一)增强风险防范意识,提高风险化解能力

必须清醒地看到,站在新的教育历史起点上,我国中小学在线教育发展既面临重大机遇,也面临不少风险挑战。有外部风险,也有内部风险;有一般风险,也有重大风险。习近平总书记强调:"要清醒认识面临的风险和挑战,把难点和复杂性估计得更充分一些,把各种风险想得更深入一些。"针对中小学在线教育面临的新情况、新问题、新挑战,需充分认识并防范化解在线教育质量风险的重要性和紧迫性,进一步增强防范化解风险的政治自觉和责任担当,提高风险防范化解能力(实质上就是认识问题、分析问题、解决问题的能力),切实做好应对任何风险挑战的思想准备和各项工作,坚定信心,负起责任,把职责范围内的风险防控好,努力将矛盾消解于未然,将风险化解于无形。

(二)理清风险防范思路,控制风险点

在线教育风险防范要确立思维底线:一是坚守育人方向正确,坚持落实"立德树人"教育根本任务,追求教育质量安全;二是坚守公平与质量底线,坚持教育公平的基本政策,确保受教育权利,有序推进在线教育公共服务均等化,追求优质均衡。根据不同的在线教育质量风险点,可采取不同的防范化解措施。

1.公平风险点防范

针对在线教育质量方面的公平风险点,可从在线教育的起点(基础

设施与教育资源)、过程(师资与管理)和结果(质量与个性化发展)3个方面制定相应的政策、措施和对策,重视在线教育起点公平,关注在线教育过程公平和结果公平,化解对应的风险(见图5-5)。如2020年3月,教育部发布了《教育部关于加强"三个课堂"应用的指导意见》,针对基础教育阶段促进教育公平、提升教育质量的现实需求,就进一步加强"三个课堂"(专递课堂、名师课堂和名校网络课堂)应用提出意见,针对薄弱学校和教学点缺少师资、开不出开不足开不好国家规定课程的问题,采用网上专门开课或同步上课、利用互联网按照教学进度推送适切的优质教育资源等形式,帮助其开齐开足开好国家规定课程,促进教育公平和均衡发展。[①] 2021年,教育部、国家发展改革委、工业和信息化部等5部门联合发布了《关于大力加强中小学线上教育教学资源建设与应用的意见》,对加强完善在线教育资源建设与应用保障体系提出了明确要求。[②] 2021年6月,教育部等3部门联合印发的《关于深入推进义务教育薄弱环节改善与能力提升工作的意见》中指出,要促进优质教育资源开放共享,加快缩小城乡差距。另外,该意见指出,可充分利用信息技术资源,针对基础教育各学段学生的特点,大力开发各种学习资源,促进信息技术为教师教学服务、为学生学习服务、为学校管理服

---

① 教育部:《教育部关于加强"三个课堂"应用的指导意见》,2020年3月9日,http://www. moe. gov. cn/srcsite/A16/s3342/202003/t20200316_431659. html,2022年6月5日。

② 教育部:《关于大力加强中小学线上教育教学资源建设与应用的意见》,2021年1月28日,http://www. moe. gov. cn/srcsite/A06/s3325/202102/t20210207_512888. html,2022年6月5日。

务。[①] 2021 年 7 月,教育部在《关于推进教育新型基础设施建设构建高质量教育支撑体系的指导意见》中提出建设"互联网＋教育"大平台,依托数字教育资源推动公共服务体系改革与创新,为教育高质量发展提供数字底座,以解决起点公平问题。

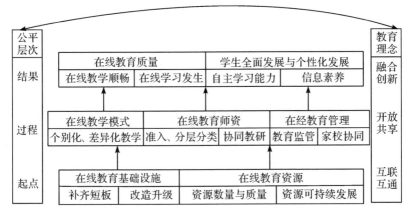

图 5-5　在线教育公平风险化解途径

2.监管风险点防范

针对在线教育质量方面的监管风险点,同样可以出台相关政策来加强对校外在线教育机构的监管,严禁在线教育行业资本化运作,建立培训内容备案与监督制度,依法依规坚决查处超范围培训、培训质量良莠不齐、内容低俗违法、盗版侵权等突出问题。自 2005 年基础教育校外培训机构市场化、规模化以来,政府与社会关于校外培训的博弈从未

---

①　教育部:《关于深入推进义务教育薄弱环节改善与能力提升工作的意见》,2021 年 6 月 25 日,http://www.moe.gov.cn/srcsite/A05/s7052/202106/t20210630_541230.html,2022 年 6 月 5 日。

停止。教育部提出对校外线上培训机构排查整改、备案审查、加强监管等措施就是为了确保校外线上培训机构在制度之下有序发展。如 2021 年初,教育部出台了《教育部办公厅关于加强中小学生手机管理工作的通知》等多个文件以规范校外在线教育培训机构的发展,以加强对中小学生校内使用手机的管理工作,治理中小学在线教育乱象。[①] 从 2018 年开始,国家层面就出台了一些相关政策来进行规范和监管在线教育,文件内容就在线教育的从业人员资格、教学内容、信息安全、经营规范、审查备案等方面做出了相关规定(见表 5-2)。另外,教育部于 2021 年 6 月 15 日成立的校外教育培训监管司正是解决在线教育行业监管的应对之策,目的是大力整顿资本无序扩张旋涡下裹挟而出的在线教育问题,让在线教育实现更优化和健康的发展。同时,通过加强对校外在线培训机构的思想管理和教育理论、实践、政策等方面的培训,告知行业需坚持社会主义办学方向和教育的公益性原则,以避免资本思维的腐蚀。2021 年 7 月,中共中央办公厅、国务院办公厅印发《关于进一步减轻义务教育阶段学生作业负担和校外培训负担的意见》[②](简称"双减"意见),以促进中小学在线教育健康发展,确保在线教育质量,推动教育公平和教育信息化。"双减"意见中还提出要"做强做优免费线上学习服务,积极创造条件,组织优秀教师开展免费在线互动交流答疑"。"双

---

① 教育部:《教育部办公厅关于加强中小学生手机管理工作的通知》,2021 年 1 月 18 日,http://www.moe.gov.cn/srcsite/A06/s7053/202101/t20210126_511120.html,2022 年 6 月 5 日。

② 中共中央办公厅、国务院办公厅:《关于进一步减轻义务教育阶段学生作业负担和校外培训负担的意见》,2021 年 7 月 24 日,http://www.moe.gov.cn/jyb_xxgk/moe_1777/moe_1778/202107/t20210724_546576.html,2022 年 6 月 5 日。

减"意见的出台,对教育培训行业的监管制度提出了更高要求,即要通过坚持从严审批机构、规范服务培训行为、强化常态运营监管 3 个方面治理和规范校外培训机构的行为。

表 5-2　在线教育监管政策文件

文件名称	发布时间	发文机构	工作目标
《关于规范校外培训机构发展的意见》	2018 年 8 月 6 日	国务院办公厅	设置标准,加强日常监管,规范校外培训秩序
《关于严禁有害 App 进入中小学校园的通知》	2018 年 12 月 25 日	教育部办公厅	营造良好的在线教育育人环境,保障中小学生健康成长
《关于规范校外培训的实施意见》	2019 年 7 月 12 日	教育部等 6 部门	线上培训及机构的备案排查,加强监管
《关于促进在线教育健康发展的指导意见》	2019 年 9 月 19 日	教育部、中央网信办等 11 部门	扩大优质资源供给、构建扶持政策体系和形成多元管理服务格局
《教育移动互联网应用程序备案管理办法》	2019 年 11 月 11 日	教育部办公厅	做好教育移动互联网应用程序(教育移动应用)备案
《关于大力加强中小学线上教育教学资源建设与应用的意见》	2021 年 1 月 28 日	教育部、国家发展改革委等 5 部门	解决资源建设问题、网络平台运行保障、线上资源和教育教学融合应用

3.资源质量风险点防范

针对在线学习资源质量风险点,国家也出台了应对措施。2021 年,教育部等 5 部门联合印发了《关于大力加强中小学线上教育教学资源建设与应用的意见》,明确到 2025 年构建线上教育平台体系、学科课程资源体系和政策保障制度体系 3 个体系,进一步加强国家、省、市、县、校级平台体系建设,开发、汇聚丰富的高质量资源和专题教育资源,以参与地区教育质量高、所在学校办学水平高、参与教师教学水平高和技术团队专业水平高等"四高"标准系统建设课程教学资源,为中小学提供高质量的在线课程资源。[①] 2020 年开通的国家中小学网络云平台（2022 年 3 月改版升级为国家中小学智慧教育平台）整合了国家、有关省市和学校优质教学资源，面向全国中小学生免费开放，平台上的课程资源建设实行学科审查和政治审查，从源头保证在线教育资源的数量与质量。

4. 技术引发的伦理风险点防范

坚守教育的育人初心，打造人与技术和谐共生的教育生态体系，是技术引发的伦理风险点防范原则。人工智能教育应用引发的伦理风险来源于人工智能自身、人工智能使用者和法律制度 3 个因素，其风险实质是对使用者主体地位的削弱，以及对教育的冲击。技术引发的伦理风险点主要体现在人工智能技术的教育应用层面，即人工智能技术自身引起的，如自动化决策、算法、数据安全等。人工智能的"算法黑箱""算法偏见"可能会带来更大的不平等问题，大量数据一旦泄露会带来巨大的隐私和安全隐患，使用者对人工智能决策的不恰当处置也会引发一系列问题。针对人工智能技术应用于教育引发的伦理风险，不管是一般性伦理问题（隐私泄露、决策偏误、算法歧视等），还是特殊性伦理问题（教育公平受损、个体主体性功能削减等），都可通过构建数据安全与资源保护机制、智能资源应用的校本化风险防范体系等加以防范。若要建立人工智能行业技术安全规范，则应加强人工智能产品与教育

---

① 教育部：《关于大力加强中小学线上教育教学资源建设与应用的意见》，2021 年 2 月 8 日，http://www.moe.gov.cn/srcsite/A06/s3325/202102/t20210207_512888.html，2022 年 6 月 5 日。

服务质量监测,制定合理安全的数据存储、管理和保护机制;加强行业工作人员的伦理道德意识与伦理素养培养,引导教师合理、合规地运用人工智能技术,有效构建安全、稳定的智能教育教学环境,保护师生数据安全和个人隐私不受侵犯;基于学校自身的数字资源建设需求,在资源引入的各个环节设置动态监督与问责机制,尽可能地规避资源引入中的伦理风险。此外,要对资源伦理风险进行实时监控与有效预测,同时提高地方教育行政部门、学校等在资源应用全过程的预测、预警、预防数字资源智能化共享风险的能力。

(三)完善在线教育治理体系,科学规避风险

在线教育作为互联网和传统教育融合产生的新业态,其行业结构、服务模式、构成要素、教学产品等都发生了巨大变化,在线教育风险规避涉及政府、社会与各行业,在线教育治理是政府、社会与各行业所面临的全新课题。2018 年 8 月国务院办公厅发布的《关于规范校外培训机构发展的意见》要求网信、文化、工业和信息化、广电部门在各自职责范围内配合教育部门做好线上教育监管工作;2019 年 7 月印发的《关于规范校外线上培训的实施意见》要求"在当地党委和政府的领导下建立教育部门牵头、有关部门参与的工作机制"。这些都说明在线教育监管部门包括教育部、网信办、工信部、公安部、广电总局等部门。[①] 2019 年 9 月,教育部等 8 部门印发《关于引导规范教育移动互联网应用有序健康发展的意见》,要求"教育行政部门牵头负责教育移动应用治理工

---

① 教育部:《关于规范校外线上培训的实施意见》,2019 年 7 月 15 日,http://www.gov.cn/xinwen/2019-07/15/content_5409334.htm,2022 年 6 月 5 日。

作",这是国家层面发布的首个全面规范教育 App 的政策文件,覆盖了各学段和各类教育 App,涉及教育部、网信办、工信部、公安部、民政部、市场监管总局、新闻出版署等部门。可见,政府体系内部正在形成"纵向联动、横向协作"的在线教育协同治理格局。

1. 完善在线教育信息安全体系

立法保证、良性运行的教学支持服务、加强科学研究可提高解决风险问题的能力,因而需加强制度建设,形成系列完整、内容丰富的规章制度,以制度规避风险。建议从完善法规建设、加强技术融入、重视教育培训与人才培养、完善监管制度、加强应急治理和创新融资体系 6 个层面来构建在线教育信息安全体系。2021 年 11 月 1 日起施行的《中华人民共和国个人信息保护法》[①]就是依法对个人信息处理活动进行监督,完善个人信息安全的保护机制。

2. 规范在线教育新业态

在线教育行业涉及技术服务、资源服务、平台服务、数据服务和教育装备等;在线教育职业涉及技术维护、资源开发、教学设计、在线学习服务、产品设计等。规范在线教育新业态就是要求规范在线教育行业与在线教育职业,注重从行业自律、督导评估等方面开展监管。如针对学习类 App 管理混乱的情况,教育部办公厅于 2018 年 12 月印发了《关于严禁有害 App 进入中小学校园的通知》,要求所有校内服务软件需要通过备案后才可使用。随后各地教育行政部门快速行动,北京、江苏、

---

① 新华网:(受权发布)《中华人民共和国个人信息保护法》,2021 年 8 月 20 日,http://www.xinhuanet.com/politics/2021-08/20/c_1127781552.htm,2022 年 6 月 5 日。

四川、黑龙江等地展开专项整治行动,排查、清理各类进入中小学的移动应用。与此同时,教育部紧急启动对进校 App 的新的监管办法制定,于 2019 年 11 月正式公布了《教育移动互联网应用程序备案管理办法》。对于在线教育平台的规范发展,2020 年 8 月中央网信办、教育部发布的《启动涉未成年人网课平台专项整治》提出了明确要求:开设中小学在线教育的各类网站平台,必须切实承担信息内容管理主体责任;要对课程严格审核把关,教学内容要符合党的教育方针和"立德树人"要求,确保导向正确;开设评论互动功能要建立信息内容"先审后发"制度;要加强网课页面周边生态管理,不得出现危害未成年人身心健康的内容;不得利用弹窗诱导点击不适宜未成年人的页面;不得推送与学习无关的广告信息;不得利用公益性质网课谋取商业利益;等等。[①]

3. 构建在线教育新体系

在线教育质量很大程度上取决于资源供给、经济条件、基础设施、地理位置等,从国家角度构建在线教育新体系能够最大限度地突破这些限制。从经济层面来看,国家在线教育体系是由各级各类政府部门主导建设的,能够以廉价甚至免费的方式提供服务,以满足不同经济水平用户的学习需要;从资源层面来看,国家在线教育体系是由多个部门和机构协同建设的,能够发挥集体的力量,为人们提供丰富的数字化学习资源,以满足不同类型和水平学习者的差异化需要;从基础设施层面

---

① 中央网信办、教育部:《启动涉未成年人网课平台专项整治》,2020 年 8 月 8 日,http://www.moe.gov.cn/jyb_xwfb/s5147/202008/t20200810_477195.html?authkey=boxdr3,2022 年 6 月 5 日。

来看,教育新基建能为在线教育运作兜底,以保证在线教育的起点公平。总体而言,国家在线教育体系能够有效整合政府主体责任、财政支持力度和教师队伍建设等力量,形成多方参与和协同推进的格局,有助于促进教育均衡发展。首先,国家在线教育体系是在国家主导下建立的,能促使各级政府在统筹规划、上下联动的原则下全面履行责任,完善政策举措,合力缩小区域、城乡、校际教育发展差距。其次,国家在线教育体系能够提高财政支持保障力度,减轻地方财政资金投入的压力,确保各级政府部门有能力建设和发展在线教育。最后,国家在线教育体系通过信息技术链接全球的优质教师资源,能有效缓解教师资源在供给的有限性与需求的旺盛性之间的矛盾,同时提高教师队伍运用信息化手段进行教学的整体水平,加强在线教育师资队伍建设。①

4.打造在线教育治理新格局

依托国家在线教育新体系,打造在线教育治理新格局。一是发挥信息技术在学校教育中的作用,推动学校治理现代化。利用新技术进行赋权,重塑学校内部各管理部门与其他不同治理主体之间的权责关系,实现内部治理主体多元化。推动技术贯穿治理全过程,通过大数据实现各类教育数据的收集、综合与分析,建立符合学校情况的决策管理机制、资源调配机制及风险评估与预防机制。基于技术支撑、借助技术手段完善治理平台,畅通社会全程参与治理的渠道,为社会成员提出治理问题、表达利益诉求和治理意见建议提供支持。二是深化在线教育

① 钱小龙、时文雅:《构建国家在线教育体系　服务全民终身学习》,2021 年 5 月 17 日,http://www.cssn.cn/zx/bwyc/202105/t20210517_5333696.shtml,2022 年 6 月 5 日。

供给侧结构性改革,提升教育供给水平,如完善在线教育公共服务体系,调整供给结构,建立"云共享""云课堂"等新的资源共享平台,增加供给总量,同时可根据学习者的个性差异进行资源分配。三是推进教育信息化基础建设,推进人工智能、大数据技术与融合化在线教育服务业态的建设与应用,弥合使用鸿沟,消除信息孤岛,同步提高师生信息素养能力,适应教育信息化发展的需要。四是加快建设中国教育专用网络和"互联网+教育"大平台,构建泛在网络学习空间,支撑各类创新型教学的常态化应用,推动优质教育资源开放共享,缩小区域、城乡、校际的差距,实现更加公平、更有质量的教育。

三、在线教育质量风险抵御途径与举措

(一)落实在线教育质量风险责任主体

习近平总书记提出,要完善风险防控机制,建立健全风险研判机制、决策风险评估机制、风险防控协同机制、风险防控责任机制,主动加强协调配合,坚持一级抓一级、层层抓落实。在线教育的责任主体包括推动在线教育的政府、市场(在线教育行业和企业)、社会公益组织等,以及实施在线教育的教育行政部门、中小学师生等。在线教育目前面临的质量风险需要政府、企业、研究机构、学校等多方主体建立协商与决策机制,协同解决,共同应对。① 需建立行动协调机制,对每一项风险防控由哪个部门牵头、哪些部门配合、行动中临时出现的问题应依据什

---

① 倪娟:《从"遇见"到"预见":教育重大决策风险的"中国之治"》,《教育研究与实验》2020年第5期,第34—40页。

么原则进行处置等做出明确的规定,并对风险责任明确细化,使得各方行为主体有所作为。按照"谁主管谁负责、谁运营谁负责、谁开发谁负责、谁选用谁负责"的原则建立责任体系,明确责任范围、内容及归口职能部门,盯住教育风险主体行为,及时认清风险源、切断风险链。

1. 政府责任

义务教育并非竞争性、选择性教育,而是保障性、基础性教育,需要政府来承担优质均衡发展的主责。近年来,义务教育学校的硬件建设已大为改观,供给不均衡主要来自教育管理、教师队伍和教学资源的差异。政府作为最大的在线教育责任主体,有责任为在线教育质量风险抵御兜底,如提供基础保障、制定监管政策与制度等。在线教育视角下"教育新基建"涉及的网络通信基础、智能终端基础、教育资源基础、数据中心基础和教育平台基础等(见图5-6),这些都需要政府层面提供保障,如加大公共资源对贫困地区教育信息化的硬件投入,并向贫困地区、薄弱学校倾斜,发挥公共财政在在线教育发展中的作用,均衡配置教育信息化设施设备,保障准入公平。教育新基建趋向网络化、数字化、智能化,进一步赋能与重塑教育的未来,并与传统教育基建一起促进教育的公平与质量。

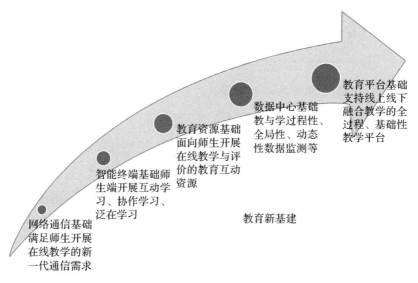

图 5-6　在线教育视角下的教育新基建构成

在监管方面,需加强顶层设计,将在线教育发展纳入"十四五"时期国民经济与社会发展总体规划目标,同时明确其属于教育新业态,需落实在线教育常态监管,政府在切实解决在线教育发展痛点、难点问题方面需充分发挥作用,统筹协调在线教育监管的职责分工,构建权责清晰、部门协同、应管尽管的监管体系,使在线教育有法可依、有规可循。完善在线教育机构的市场准入标准与审批管理,明确市场(机构与人员)准入程序,建立备案制度,确定在线教育提供者资质和在线教育学科类培训的人员资质,从源头上把关,以提高在线教育供给质量。教育与市场监管等部门要加强联动,加强对在线教育行业健康发展的指导和调控,防止无序的资本厮杀,引导在线教育回归教育本身。①

2. 市场责任

在线教育行业规范发展可从 2 个层面入手:教育行政部门主要负责完善在线教育法律法规和在线教育评价机制,企业方面主要负责加强在线教育行业自律和健全在线教育信用机制。如在线教育行业自律方面,2020 年 9 月,51Talk、作业帮、猿辅导、网易有道精品课、掌门教育、学霸君、巨量引擎 7 家在线教育企业代表,共同签署了《K-12 在线教育行业自律公约》。该公约从在线教育企业备案、课程设置、师资、广告宣传、公示收费、退费办法、格式合同、个人信息保护等方面进行了约定,并对教学内容、课程时间、外教资质、预付学费等诸多方面提出要求和自律标准,这对 K-12 在线教育行业规范发展将起到积极推动作用。②另外,51Talk 也公布了《51Talk 在线教育服务》企业标准,从课程研发、产品技术、外教、课程服务及客户服务 5 个方面明确了企业责任、服务范围及要求。

3. 社会公益组织责任

社会公益组织可以是在线教育资源提供方或者是资金提供方,其最终落脚点还是教育资源的重新分配,所以公益组织主要以资源共享的方式推动在线教育,通过运用新的模式、新的思维、新的组织来更公平、更有效、更可持续地解决教育发展不均衡不充分问题,将优质教育

---

① 李学书、孙传远:《在线教育治理:从野蛮生长到规范发展》,《河北师范大学学报》(教育科学版)2021 年第 5 期,第 80—87 页。

② 李静:《头部在线企业签署自律公约　明确 K12 在线教育服务与评价标准》,2020 年 9 月 3 日,https://ishare.ifeng.com/c/s/7zSpLGuVhDq,2022 年 6 月 5 日。

资源输送给更多人。优质教育资源涉及平台资源、课程资源、师资资源等，作为社会公益组织，其最大责任是确保在线教育资源的质量和资源共享的可持续性，从源头把好质量关。

4.教育行政部门责任

学校和教育行政管理部门应结合学校教育资源、学生特征、教师能力等因素，从信息化领导力、教学运行管理机制、教师培训服务模式和技术保障能力等方面多管齐下，确保在线教学活动的有序开展。对于教育行政部门而言，在线教育的应用会助推或倒逼其颁布一系列政策法规以维持其健康有序发展。对于在线教育中的管理与决策而言，教育管理者可以采集学校、教职工、学习者的基本信息数据，以及教师教研数据和学习者的学习过程数据，并对数据进行挖掘，以了解学校发展、教师专业发展、学生学业成绩，以及学生心理健康等要素的变化趋势，为管理者的决策提供调整与改进方向；同时，通过数据分析对比不同区域、学校与班级的发展现状，为调整教育资源配置提供决策依据，促进在线教育公平。对于学校而言，在线教育的应用能推动其内部机构的重组，各级各类学校需组建信息化建设领导小组、研修运维团队，探索在线教育赋能的新型教育组织形态、创新课堂融合应用模式等。

5.中小学师生责任

2021年5月，教育部、国家发展改革委、工业和信息化部、财政部、国家广播电视总局5部委联合印发了《关于大力加强中小学线上教育教学资源建设与应用的意见》，该意见明确指出到2025年构建3个体系：一是基本形成定位清晰、互联互通、共建共享的线上教育平台体系；二是覆盖各类专题教育和各教材版本的学科课程资源体系；三是涵盖建设运维、资源开发、教学应用、推进实施等方面的政策保障制度体系。《关于大力加强中小学线上教育教学资源建设与应用的意见》还提出，要充分激发学校、教师和学生应用线上教育教学资源的积极性，推动线上线下教育融合发展。后疫情时代，在线教育会成为常态，师生均需提升信息技术应用素养，适应在线教育的常态化应用。教师需提高信息技术素养，保障学生使用公平。在教师职前教育培训中，应系统全面地培养教师的信息技术素养，提升教师的信息技术理念、能力；完善在职教师信息技术的培训体系，增加信息技术模块，构建"精准有效"培训模式，提高在职教师的信息技术素养。未来，学生信息素养将纳入学生综合素质评价，新时代学生信息素养提升迫在眉睫。

(二)创造在线教育有序发展的内外部环境

建立健全在线教育资源准入机制、在线教育专家咨询与决策机制、在线教育内外部运行机制等各类机制，创造在线教育有序发展的内外部环境，以保证和促进在线教育可持续发展。

1.建立健全在线教育资源准入机制

基础教育阶段是学生形成正确的人生观和价值观的重要阶段。在传统教育中，教师的传道授业解惑是信息的主要来源；在教育现代化进程中，学生的信息来源有教师的传道授业解惑，但更多的将是开放的教育资源。建立健全中小学在线教育资源的准入机制，设立专门化、专业化的审核机构，推进在线教育资源共享及应用管理办法的落地落实，组织开展在线资源质量评价，对资源的科学性、思想性等进行把关，把课程思政内容融入在线教育资源，确保学生接触到的是高质量的在线教育资源。另外,"双减"意见中提出的"做强做优免费线上学习服务,创造条件,组织优秀教师开展免费在线答疑",对于在线教育师资的质量保障起到了一定的导向作用。

推动在线教育资源公益和市场同步发展,公益资源以政府为主导并引导所有教育工作者共同参与建设,如国家中小学网络云平台,纳入国家教育信息化整体发展计划。同时,逐步增加在线教育资源的市场化占比,加强对在线教育资源的知识产权保护力度,大力推进资源建设的多元机制,鼓励多方参与优质资源建设,特别是具有行业经验的在线教育公司,如猿辅导、高思教育、豆神教育等,激发优质资源建设活力,为在线教育可持续发展提供资源保障。扩大优质资源覆盖面,将各地区的优质名师名课输送到需要的区域;帮助薄弱地区的学校打造出与本地区学校教学相适应的课程资源,提高课程资源建设质量;提升教师信息技术应用能力素养,帮助教师建设一批有地域特色的优质课程。

2.建立健全在线教育专家咨询与决策机制

在线教育涉及教育新业态、互联网、新技术应用(如数据挖掘、人工智能、虚拟现实技术)等,在线教育质量风险防范是一个高度专业的领域,在线教育的重大决策特别要依赖于专家话语和科技理性,需要建立健全高水平专家队伍配置机制,加强专业参与保障机制和规范约束机制,强调风险评估主体的独立性和超脱性,筑牢科学防范决策风险的专业性。教育政策风险源于决策过程的封闭堵塞,以及缺少多主体、开放性、系统性的多元决策机制,对风险预判和评估不到位、不精准,导致出台的相关政策会出现随意化和去专业化的情况。因此,防范风险需要建立健全决策过程机制,做到透明敞亮、听证各方,把风险防控落实到决策过程中。

3.完善在线教育内外部运行机制

对内制定相关政策措施,保证校内在线教育有序开展。如 2021 年 8 月,北京市发布《北京市关于进一步减轻义务教育阶段学生作业负担和校外培训负担的措施》,旨在做强做优免费线上学习服务,集中全国最优秀的老师,免费开始制作线上学习内容,免费让中小学生享受线上最优质的学习内容。2021 年 11 月,针对"双减",北京市印发了《北京市中学教师开放型在线辅导计划(试行)》,于 2021 下半年和 2022 年面向全市所有初中学生,由公办学校名师提供免费的一对一、一对多实时在线辅导,提供多样化的教育。

对外从严管理在线教育,确保在线教育在法治与监管之下运行。如针对在线教育安全体系涉及的网络安全、数据安全、运行服务安全等职能部门,各自完善法治与监管制度。网络安全涉及学校、平台、师生、教育管理部门 5 个责任主体,每个责任主体各行其责。运行服务安全涉及 5 个管理部门,每个部门各司其职:教育部门负责指导监督学校落实监管责任;网信部门负责网站监管,保证平台安全及数据安全;工信部门负责协同开展各类 App 治理;公安部门负责打击违法犯罪活动;市场监管部门负责打击网络不良行为和非法广告。另外,对于校外在线教育平台涉及义务教育的相关行为的规制采用法治化途径和方法,其实现路径主要是标准化和行业自律。标准化路径,即按照"质量为王,标准先行"的原则研究制定在线教育质量标准,在制定并完善在线教育标准之后,建立和培育专业评估机构,对校外在线教育平台提供的服务是否符合相关标准进行评估,并将评估结果向社会公开。行业自律路径,即建立和完善行业自律组织,加强在线教育行业的自我约束机制建设。如 2021 年 4 月发布的国内首个《K-12 在线教育服务与评价》团体标准①,该团体标准从市场准入门槛、师资要求、行为规范、收退费要求、纠纷解决机制等方面入手,针对在线教育机构的师资、课程服务、教学质量、争议处理等问题明确了企业责任,为 K-12 在线教育服务的标准化提供了参考与支撑。

---

① 《〈K12 在线教育服务与评价〉团体标准发布》,2021 年 5 月 17 日,https://baijiahao. baidu. com/s? id=1698469668325285643&wfr=spider&for=pc,2022 年 6 月 5 日。

第六章　互联与互通：
中小学在线教育质量评价体系构建

　　我国中小学在线教育发展不算太晚，但一直没有受到足够重视，有关的在线教育质量评价标准更多是参考成人远程教育和高等学校的在线教育评价标准。2020 年及之后，因受新冠疫情影响，在线教育成为"停课不停学"期间的主要教学方式。为规范中小学的在线教学行为、提高在线学习质量，中国信息协会教育分会协同北京师范大学、南京市教学教研室共同发布了《中小学在线教学质量评价标准（试行）》，供中小学线上教学质量评估参考。另外，在线教育质量风险中的资源性风险主要表现在学习资源的质量和师资队伍的质量方面，从风险防范化解的角度考虑，需建立健全在线教育资源准入机制，其实质就是构建相关的评价指标体系作为评估资源的抓手。本章在明确在线教育质量评价体系构建原则和构建因素的基础上，重点构建在线教育项目评价指标体系、在线教育资源评价指标体系和在线教育师资评价指标体系 3 个保障在线教育质量的评价指标体系。

第一节　在线教育质量评价体系构建概述

一、在线教育质量评价体系构建目的

在线教育质量评价事关在线教育的发展，有什么样的评价指挥棒，就会有什么样的在线教育。在线教育质量评价体系构建目的是为在线教育营造健康向上和良性发展的大环境，以加快推进教育现代化，建设教育强国，办好人民满意的在线教育，从而促进义务教育优质均衡发展，实现基础教育高质量发展，让每个孩子都有机会享受更好的中小学教育。

二、在线教育质量评价体系构建原则

在线教育随着信息技术、移动通信、人工智能等新兴技术的发展而不断变化发展，在线教育质量评价也表现出动态性特点。在在线教育发展的不同阶段，不同评价主体从不同角度出发对评价标准会有不同的理解和着眼点。从教育行政部门来看，希望各种政策文件能在评价标准中体现，通过评价确保在线教育有序健康发展；从学习者角度来看，希望在线教育质量评价体系能促进在线教育服务水平的提升，能为学习者提供更多、更好的学习机会和个性化的学习体验；从教师角度来看，其关注的是评价的可行性和可操作性，关注在线教育对学习者思维和能力的培养。因此,在线教育质量评价体系构建应全面贯彻党的教育方针,落实"立德树人"的根本任务,遵循教育规律,发展素质教育,推动构建服务全民终身学习的教育体系,总体上要体现发展性、导向性、有效性、综合性和前瞻性5个原则。

(一)发展性原则

在线教育质量是动态概念,随着社会条件的不同和人们对在线教育要求的变化而变化。在线教育质量评价标准是一个发展的体系,由评价标准的本质决定,并随着评价主体的不同发生改变,这也决定评价指标不是一个永恒不变的标准(如美国的在线教育质量评价标准都会定期修正)。因此,评价指标应该是开放和发展的,以应对各种变化,为具体评价过程留余地,根据不同情况确定不同的评价指标。

(二)导向性原则

导向性原则是教育评价的根本原则。通过评价使在线教育质量向标准所要求的方向发展,因此评价标准应体现科学正确的质量观,体现服务学习者、以学习者为中心的教育观念,体现国际化、信息化、社会化和终身学习观,以符合未来教育理念和社会发展需求。

(三)有效性原则

有效性原则是指制定的标准要体现在线教育的特点,使从事在线教育工作的人员认可和接受,使参与在线学习的学习者满意,因此标准制定要充分考虑评价主体的需要,将价值标准贯彻于评价标准当中,体现在线教学特点,考虑在线学习者的发展规律和学习特点,鼓励各评价主客体在在线教育教学和管理上的探索。

（四）综合性原则

标准制定的综合性由质量评价的主体和客体的复杂性决定。在评价过程中，不同的主客体会有不同的需求，但是应科学公正地考虑综合性原则，充分考虑各方面在质量上的不同要求，最大限度考虑和整合各方需求。评价标准制定考虑综合性原则还可以减少重复评价、频繁评价所带来的问题，以提高质量评价的运行效率和效益。

（五）前瞻性原则

前瞻性就是以战略眼光审视大势和大局，认清机遇和挑战，准确分析不利环境和有利条件，从而未雨绸缪，系统谋划，趋利避害，赢得发展的主动权。前瞻性体现在科学准确的判断上。发展机遇仍在，这就要求有战略定力和战略自信，以平常心面对压力，保持宏观政策的总体稳定；矛盾叠加，这就要求清醒认识面临的风险和挑战，把难点和复杂性估计得更充分一些，把各种风险想得更深入一些，做好应对各种困难局面的准备。

前瞻性也体现在发展理念的完善上。随着我国在线教育的发展和应用的推进，认识新常态、适应新常态、引领新常态，成为当前和今后一个时期基础教育发展的一个基本逻辑。所有这一切，都要求政策制定者增强更新发展理念的自觉性和紧迫感，以发展理念转变引领发展方式转变，以发展方式转变推动发展质量和效益提升，实现新旧发展动能的平稳切换。只有时刻保持问题意识，紧紧抓住事关全局和长远的重要问题，以问题为导向，切实探寻解决之道，才能在更深层次上揭示规律、把握规律，为更长远的发展奠定基础。

三、在线教育质量评价体系构建因素

根据在线教育开展所涉及的各个层面,在线教育质量评价体系的构建需要考虑信息化基础设施、在线教育管理、在线教学支持、在线教学组织、在线教育项目与资源、在线教育质量策略等多方面因素,这些因素最终会影响在线教学效果和在线教育的社会声誉(见图 6-1)。

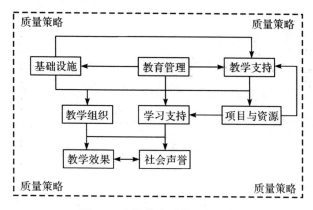

图 6-1　在线教育质量评价因素

(一)在线教育基础设施

完善的信息化基础设施是开展在线教育活动的前提,也是直接影响在线教育质量的一个关键因素。虽然经过了教育信息化 1.0 时代,教育信息化的发展程度总体比较乐观,但是从 2020 年开展的大规模在线教育情况来看,我国在线教育基础设施建设是不平衡、不充分的,仍需有针对性地加强信息化基础设施建设力度,认真落实《教育信息化2.0 行动计划》,大力实施网络扶智工程攻坚行动,支持贫困地区教育信息化发展,支持城市薄弱学校和农村小规模学校的在线网络环境和硬

件设备的完善,补齐农村教育信息化发展的短板。

(二)在线教育管理

从教育行政部门及学校角度出发,在线教育管理主要包括教育资源管理、师资管理、平台管理、教学支持与服务,以及有效管理和组织在线教学等。从在线教育涉及的外围因素考虑,在线教育管理还包括行业监管。

(三)在线教学支持

在线教学是指基于系统、平台、工具、资源等开展的非面对面教学活动。这种教学活动与传统的课堂教学活动不同,对于师生而言,有效开展在线教学需要获得各种支持与辅助性活动,如技术支持、资源支持、工具支持等围绕教师开展在线教学所需的教学支持活动和围绕学习者开展学习所需的学习支持活动及具备的条件。能否获取到优质课程内容资源或素材,以及遇到在线教学工具和平台不熟悉或出现问题时是否有技术人员及时支持,这些都在一定程度上影响在线教学投入,结果就是影响在线教学质量。此外,信息技术作为学习工具,在在线学习服务中发挥着多种作用,教师在提供教学支持服务及学生在进行自主学习时都需要各种学习工具的支持,除了运用一些社交软件进行沟通交流外,还需要云笔记、云存储、即时反馈系统、自我测量工具、教学支撑系统和协作软件等各类工具支持学生的自主学习。

(四)在线教学组织

在线教学组织包括在线教学设计、在线教学实施和在线教学评价,不同于传统课堂教学,在线教学活动的设计、实施与评价均基于在线学习平台开展，目前常见的在线教学组织形式有同步在线教学、异步在线教学、基于学习社区的协作学习、在线翻转课堂教学、基于学科工具的自主学习、基于学习资源网站的主题探究教学。

（五）在线教育项目与资源

在线教育项目主要是指开展在线教学与管理的在线教学管理系统（也称"在线教学平台"）。在线教学平台的功能与服务要支持教学人员的在线教学组织、学习者的在线学习、管理人员的教学管理等，同时平台系统需保证在线教学的安全。在线教育资源主要包括学习资源和师资资源。学习资源是影响在线学习效果的重要因素，学习资源设计不当会加重学习者的认知负荷和学习负担，学习资源缺乏会影响在线教学的开展，需着重考虑提供多样便捷的高质量学习资源，满足不同区域和家庭背景学生的多元化学习需求，多方力量共同保障中小学在线教学。师资资源是在线教育的核心竞争力，如果缺乏相关的行业标准和准入门槛，进行在线教学的师资水平毫无保障，将严重影响在线教育质量。另外，学校教师的在线教学能力在一定程度上也影响在线教学的质量和成效（实质是影响在线教育的过程公平）。

（六）在线教育质量策略

在线教育质量策略是指按照在线教育人才培养目标和质量标准，围绕在线教育的信息化基础设施、教育管理、教学支持、教学组织、资源提供、教学效果等在线教育质量评价因素而制定的各类质量保障政策和实施的各项保障措施。在线教育是以学习者为中心、以学习者的自学为主的教育形式，在线教育质量策略以此为出发点，突出学习者的主体地位。我国正在推进教育信息化 2.0 行动计划，目的是实现"三全两高一大"的发展目标，构建网络化、数字化、智能化、个性化、终身化的教育体系，建设人人皆学、处处能学、时时可学的学习型社会，这在一定程度上可保证有效开展在线教育所需的信息化基础设施和基本的师生信息素养。在这个基础上，中小学在线教育质量策略需要重点考虑的质量评价因素主要是在线教育项目与资源和在线教育师资。结合我国教育政策实际，构建在线教育项目评价指标体系、在线教育资源评价指标体系和在线教育师资评价指标体系是在线教育质量保障关键。

第二节　在线教育项目评价指标体系构建

一、在线教育项目与资源属性

目前我国中小学在线教育项目与资源主要有基础性资源、开放性资源、校本化资源和市场化资源 4 种类型（见图 6-2），这些项目与资源分别来源于政府供给（教育部及地方教育行政部门）、公益供给（民间组织）、自我供给（中小学）和市场供给（企业）4 种供给形式。基础性资源通常是由政府主导，政府通过委托相关部门或企业开发资源，免费提供给基础教育阶段师生使用，并联合教育部门，以及企业提供资源服务；开放性资源是由高校、社会组织等非营利性机构自行开发，通过互联网平台免费提供给社会公众,并针对各自开发的资源提供相应的资源服务;校本化资源是学校根据实际的教学需求,依靠企业或学校教师的力量自主开发的具有地方或学校特色的资源,以及学校基于自身特色对原有课程资源进行再组织或改造的资源,以面向师生提供更加适合自身需要的教学资源;市场化资源是由企业或教育机构开发,以满足不同学习者个性化学习的需求,社会公众可按需购买的资源。

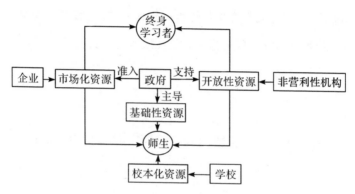

图 6-2　在线教育项目与资源分类

二、在线教育项目平台要求

在线教育项目平台要求主要有 2 个:一是对教学人员、学习者、管理人员等不同用户的支持;二是平台系统安全要求。

对教学人员的支持体现在在线教育平台应具备备课(课程介绍、课程讲授、课程考核等)、开课(教学管理、教学组织、活动设计、学习行为记录、作业管理等)、课程资源管理、数据统计分析、消息提醒等功能,以满足教学人员的在线教学需求。

对学习者的支持体现在在线教育平台应具备基本信息管理、选课、课程学习管理、学习交流、学习反馈、跨终端数据同步等功能，以满足学习者的在线学习需求。

对管理人员的支持体现在在线教育平台应具备系统管理、课程管理、教学部门管理、系统统计与分析、学习成绩管理等功能，以满足管理人员的在线管理需求。

在线教育平台需遵守国家网络与信息安全管理规范，提供全方位的安全保障体系，对网络安全、内容安全、数据安全、运行与服务进行规范管理，防范和及时制止有害信息的传播。

三、在线教育项目评价指标体系

在线教育项目评价指标体系包含理念宗旨、组织管理、课程管理、技术支持和项目评估 5 个一级指标，以及服务和承诺、公平和权利、诚信和责任、管理方式、领导力、项目计划、组织团队、财物支持、课程设计、教学指导、学习评价、教职员支持、学习者支持、监护人支持、外部评估、内部评估 16 个二级指标和对应的指标观测点（见表 6-1）。

表 6-1　在线教育项目评价指标体系

一级指标	二级指标	指标观测点
理念宗旨	服务和承诺	➢ 明确项目未来战略规划指南 ➢ 阐明项目或组织的目的、目标和服务对象 ➢ 向公众公布对可衡量的质量和对利益相关者负责的承诺 ➢ 说明学习者是课程或组织的重点

一级指标	二级指标	指标观测点
理念宗旨	公平和权利	➤ 高质量的在线课程政策和实践支持学习者访问该课程的能力并满足学习者需求的多样性 ➤ 明确规定课程的学习者资格要求,并传达给利益相关者 ➤ 课程教职员工与学习者和家庭合作,使课程个性化 ➤ 确保所有学习者都能公平地参加课程
	诚信和责任	➤ 定期提供有关目标实现进度、政策和标准一致性,以及学习者学习成果实现情况的信息 ➤ 向潜在和当前利益相关者披露准确信息 ➤ 明确课程达到或超过与课程完成要求相关的行业标准
组织管理	管理方式	➤ 有清晰的组织结构和归属,以确保项目的规范性与可持续性 ➤ 组织执行国家和地方教育法规或地区认证 ➤ 组织成员了解基础教育在线学习 ➤ 组织通过各种方式确保项目或组织有足够的资源 ➤ 规划或组织细则明确规定团队成员的角色和责任,保证成员在既定的指导方针下工作
	领导力	➤ 领导层对项目管理机构负责,并负责制订和实现运营和战略目标,以支持项目的使命和宗旨 ➤ 领导团队制订年度计划或组织目标,实施旨在达到或超过目标的行动计划,监督并向利益相关者传达目标进展情况 ➤ 领导团队保持对教育和商业环境趋势的跟踪了解,方便预测项目走向 ➤ 领导团队为学习和工作提供一个富有成效的协作环境 ➤ 领导小组验证措施是否到位,以确保信息的质量、完整性和有效性 ➤ 领导团队制订并实施定期审查和更新的计划或组织政策和程序

一级指标	二级指标	指标观测点
组织管理	项目计划	➤ 制订并定期更新战略计划,以应对长期行动和提高组织的有效性 ➤ 战略计划提出了有效地为学习者和教师服务的资源要求,包括课程、技术、学术支持、专业发展和财政可行性 ➤ 组织目标与批准的战略计划保持一致,并每年更新
	组织团队	➤ 提供足够的合格的专业、行政和支持人员,以实现项目的目标 ➤ 提供足够的组织人员来监督教学学习环境 ➤ 为教职员提供持续的培训和支持,以实现项目的使命 ➤ 明确定义个人和团队的角色和职责 ➤ 定期对项目教职员进行评估
	财物支持	➤ 有充足的财力、物力,以及良好的商业实践或教育实践来完成项目的使命和宗旨 ➤ 按照国家、地方教育法律法规和标准管理资源 ➤ 根据战略规划,有充足的资源,确保项目的可持续性
课程管理	课程设计	➤ 无论是机构自行开发的课程还是其他获得授权的课程内容,均需采用和实施有效的在线教学设计 ➤ 明确规定课程教育目标 ➤ 以符合学习者在线学习的方式组织课程内容 ➤ 课程整合高质量的教学材料,以促进学习者的在线学习 ➤ 利用定期评估的技术来支持学习目标并提高学习效率 ➤ 课程中包含的内容符合学习目标要求 ➤ 课程提供支持主动学习的互动机会 ➤ 提供各类活动,包括通过真实的问题解决和实践,以实现深度学习 ➤ 课程提供异步和同步学习机会,以改善所有参与者的学习

续　表

一级指标	二级指标	指标观测点
课程管理	教学指导	➤ 采用全面和综合的方式为学习者提供优质的教学 ➤ 课程设计和教学实践有明确期望,以符合其既定教学目标 ➤ 教学以循证实践为指导 ➤ 教师采用持续的过程性评价,并利用学习分析来告知教学方法和教学实践的变化 ➤ 教学面向所有学习者并具有内在的包容性 ➤ 采用相关策略确保课程作业和评价的学术诚信
	学习评价	➤ 重视积极的学习成果,并采取综合的方法来衡量,以及监控既定学习目标的进展 ➤ 课程使用多种方法来评价达到既定学习目标的程度 ➤ 形成性评价包括在需要时为有针对性的补救或干预提供数据 ➤ 提供及时、有效反馈的标准,作为评价的一个组成部分 ➤ 评价与学习目标一致
技术支持	教职员支持	➤ 通过提供指导、技术援助和及时的专业发展来支持教职员 ➤ 提供并鼓励教职员参与入职培训和指导计划 ➤ 为教职员提供多种专业发展机会,以确保符合在线教学质量标准 ➤ 为指导人员提供专业发展机会,重点关注学习者在网上的独特需求,提供学习和网络服务,支持在线学习 ➤ 为教职员提供及时有效的技术支持
	学习者支持	➤ 在线课程可满足不同层次学习者的各种需求 ➤ 学习者将获得在线学习技术和成功在线学习实践的指导 ➤ 提供学术服务和学术建议,以满足学习者的学术和发展需求 ➤ 提供符合特殊教育政策和程序的无障碍支持服务 ➤ 提供学习管理系统,以及所有适当的学习和评估内容

续　表

一级指标	二级指标	指标观测点
技术支持	监护人支持	➤ 建立教师与学习者和监护人沟通的标准 ➤ 为监护人提供指导服务和技术建议
项目评估	外部评估	➤ 从客观角度持续评估整个项目,增加项目的可信度 ➤ 由具备有资质的各方对内部评价过程和结果进行综合评价 ➤ 由具备有资质的各方对项目目标、任务和战略计划进展进行综合评估 ➤ 通过外部综合评估得出的结论来制订和实施改进计划 ➤ 评估结果及时传达给项目负责人
	内部评估	➤ 非正式的、持续的内部评估,提供即时反馈 ➤ 定期收集和分析基于国家、地方项目指标的数据 ➤ 采用有效可靠措施评估学习者的成绩并推动教学和管理决策 ➤ 通过持续评估确定项目成功与持续改进计划 ➤ 基于有效可靠的评估技术来衡量学习者的成就和满意度 ➤ 采用明确一致的政策、措施和程序进行持续评估,以确保教学质量 ➤ 实施课程审查和评估流程,以确保课程质量,提高学习者学习成绩

第三节　在线教育资源评价指标体系构建

教育部教育信息化推进办公室于 2013 年印发了《国家教育资源公

共服务平台教育资源审查办法(暂行)》[①],明确教育资源的内容具有政治性、科学性、适用性,符合国家的有关法律、法规、方针政策。教育资源的审查范围包括教育资源内容和资源提供者的属性与资质。当前国家教育资源公共服务平台提供了同步资源、中高考资源、网校、慕课、专题资源、幼教/职教资源、微课等覆盖多学科、多学段的数字化教育资源。从资源服务教学对象的角度,数字化教育资源可分为辅助教师教学的资源、满足学习者学习的资源和支持教师专业发展的资源。从国家教育资源公共服务平台可以看出,目前在线教育资源主要有在线课程、微课、虚拟仿真系统、教育游戏、教学课件、教学案例、教学工具及其他学习资源。

在线课程是指在网络环境下依据特定的教学目标,按一定的教学策略,组织某门课程教学内容,运行于在线学习平台。从组成内容来说,它包含教学目标、教学内容、教学活动和评价方法等课程教学必备的要素;从组成形式来说,它包含符合网络学习特点的按照一定的教学目标组织起来的课程教学内容、在线课程教学支撑环境,以及基于以上两者开展的在线教育活动。在线教育活动是指为了完成预定的学习与教学目标,教师通过组织学习资源,对学习者提出的一系列学习任务,是学习者与学习资源、学习环境进行信息交互的一系列任务。

微课是指为使学习者自主学习获得最佳学习效果,经过精心的信息化教学设计,以流媒体形式展示的围绕某个知识点或教学环节开展

---

① 教育部:《国家教育资源公共服务平台教育资源审查办法(暂行)》,2020 年 4 月 5 日,http://www.moe.gov.cn/s78/A16/s5886/s5892/201310/t20131014_158327.html,2022 年 6 月 5 日。

的简短、完整的教学活动。

虚拟仿真系统是指运用虚拟仿真技术开发的，用于特定技能训练的软件。它能完整支持一门或一门以上的课程，并在实际教学中有一定应用基础。

教育游戏是指根据教学需要，在一定的学习理论和游戏理论指导下开发的，兼顾教育特性和游戏特性，同时承载着一定的教育和娱乐目的，能够实现寓教于乐的计算机软件。

教学课件是指根据教学需要，在一定的学习理论指导下，经过教学设计，以多种媒体表现，具有良好结构，满足某一单元或知识点教与学需要的一种软件。

学习资源是指为有效开展教学而提供的媒体素材及其他可利用的文件，如教学内容视频音频课件、案例、作业、题库、测验、在线考试题等。

一、在线课程评价指标体系

结合教育部颁布的《信息技术　学习、教育和培训　在线课程》（GB/T36642—2018）国家标准，在线课程主要包含课程信息（概述与要求）、课程内容、课程讨论、学习资源、学习活动、学习工具、学习评价等要素（见图6-3），我国中小学在线课程评价指标体系主要围绕这些要素展开。

图6-3　在线课程基本信息模型

　　参照美国《QM 标准》(基础教育类)和《在线课程质量国家标准》,结合我国在线教育的实际,根据德尔菲法构建的我国中小学在线课程评价指标体系。该体系包含课程信息、课程内容、课程设计、教学资源、评价测量、技术规范 6 个一级指标,以及课程概述、课程师资、内容定位、内容选择、内容组织、教学设计、活动设计、资源建设、教学视频、其他资源、课程评价、学习评价、技术性、可用性 14 个二级指标和对应的指标观测点(见表 6-2)。

表 6-2　在线课程评价指标体系

一级指标	二级指标	指标观测点
课程信息	课程概述	➢ 提供清晰的课程概述和教学大纲 ➢ 明确规定学习者应具备的最低信息技术应用能力 ➢ 明确说明课程的最低技术要求,并提供如何获得技术的信息 ➢ 明确课程教学目标与学习目标 ➢ 根据课程内容和学习目标明确规定评价措施和实践 ➢ 说明本课程的先修知识和/或所需能力
	课程师资	➢ 教师具有良好师德,在线教学经验丰富,教学能力强 ➢ 明确教师应达到的或已达到的信息技术应用能力标准 ➢ 向学习者提供教师的个人信息,以及如何与教师交流的信息
课程内容	内容定位	➢ 课程定位明确,对实现人才培养目标起重要的支撑或促进作用 ➢ 清晰呈现可测量的课程目标或能力指标 ➢ 课程学习预期成效与课程目标或能力指标一致 ➢ 体现社会主义核心价值观,符合教育教学规律

续　表

一级指标	二级指标	指标观测点
课程内容	内容选择	➤ 信息素养和沟通技能是课程的一个组成部分 ➤ 适应在线学习需要，有助于学习者创新能力、实践能力和可持续发展能力的培养 ➤ 课程内容符合中小学课程的内容标准(各学科课程标准) ➤ 课程内容覆盖课程目标的基本要求，知识体系结构完整，内容组织及其结构合理，知识关联清晰 ➤ 课程不含成人内容，无显性和隐性的广告或链接
	内容组织	➤ 遵循课程的内在逻辑体系，以及学习者认知规律和能力培养规律 ➤ 理论联系实际，课内课外有机结合，融知识传授、能力培养、素质教育于一体 ➤ 补充学习资源和相关教学材料可支持和丰富学习者体验，且与授课内容一致 ➤ 课程内容和辅助材料反映多元文化特点 ➤ 支持课程内容标准的在线课程材料科学准确、更新及时
课程设计	教学设计	➤ 课程设计能引导学习者提高学习自主性和自我监控的活动 ➤ 教学内容和学习活动能促进既定学习目标或能力的实现 ➤ 教学内容适合预期学习者的学习水平 ➤ 根据学习者的需要，为学习者提供多种学习途径，让学习者参与到合适的学习过程中 ➤ 提供师生互动机会，包括定期反馈学习者学习情况 ➤ 课程教学材料和资源以适当的方式呈现学习内容
	活动设计	➤ 设计合适的作业或活动，吸引学习者持续学习 ➤ 设计探究性学习、研究性学习活动，促进学习者学习能力发展 ➤ 运用多种恰当的教学方法和教学手段，调动学习者学习的积极性

一级指标	二级指标	指标观测点
教学资源	资源建设	➢ 资源反映课程教学理念、教学思想、教学设计 ➢ 按照教学内容、专题或模块的框架合理组织各类基本资源 ➢ 资源与知识点、技能点对应 ➢ 学习资源的内容是学习者感兴趣或者是解决问题所必需的 ➢ 资源内容难度适中,不会产生过多认知负荷 ➢ 资源组织结构合理,导航清晰,不会导致学习者思维混乱
	教学视频	➢ 教学视频与教学大纲或教学内容匹配 ➢ 讲解内容完整,表述科学准确 ➢ 教学视频制作符合视听规律,播放清晰流畅
	其他资源	➢ PPT 讲稿内容准确、系统、完整,具有可读性 ➢ 重难点指导、作业、参考资料目录及其他类型基本资源契合教学要求,针对性、适用性强
评价测量	课程评价	➢ 定期采用多种策略对课程进行评价,并将评价结果作为课程改进的基础 ➢ 定期审查和更新课程内容及资源,确保课程内容和评价不滞后,提高课程有效性 ➢ 课程评价方式多样,课程评价者多元,确保课程评价的可信度
	学习评价	➢ 通过学习评价衡量学习者对课程内容的掌握程度,并及时为学习者提供反馈 ➢ 学习评价与规定的课程、单元或课程级别的目标或能力相关联 ➢ 与学习目标相对应的自我导向评价标准、评价咨询与指导 ➢ 有效的课程评估能衡量学习者对内容的掌握程度 ➢ 具备多种类型的评价资源和材料,为学习者评价提供灵活的评价方式 ➢ 对学习者在不同阶段实现的目标和能力提供专门的描述性标准和评价量表

续　表

一级指标	二级指标	指标观测点
评价测量	学习评价	➤ 利用多样化评价策略衡量学习者的表现,并及时将信息反馈给学习者,为学习者的自我监控和反思性学习提供机会 ➤ 有学习评价分析反馈制度,为教学、管理、服务工作提供依据
技术规范	技术性	➤ 技术指标符合《信息技术　学习、教育和培训　在线课程》(GB/T36642—2018)国家标准 ➤ 遵循国家相关法律法规政策,维护和保障学习者的数据隐私和信息安全
	可用性	对学习者: ➤ 所有学习者可以自由获取所有课程的内容和活动 ➤ 导航体系设计前后一致,易于操作,便于阅读 ➤ 提供易获取的课程材料和活动,满足不同学习者的需要 ➤ 有合适技术工具促进师生交流 ➤ 在线课程工具支持学习目标的达成 ➤ 课程学习所要求使用的技术,有提供访问声明 对教师: ➤ 允许教师控制内容的发布 ➤ 为教师提供多种技术支持,满足学习者的多样化需求 ➤ 为教师提供合适技术工具开展师生交流活动 ➤ 为教师提供调整学习活动以适应学习者需求和偏好的选项 ➤ 提供必要的技术功能,用于评分和记录评估,并计算已获得的课程分数或者等级

二、微课评价指标体系

微课是在线课程的一部分,是在线课程的教学资源(也可作为独立的学习资源)。微课的核心组成内容是教学视频(课例片段),同时还包含与该教学主题相关的教学设计、素材课件、教学反思、练习测试及学习者反馈、教师点评等辅助性教学资源,它们以一定的组织关系和呈现方式共同营造一个半结构化、主题式的资源单元。微课的特点是"微"和"课":"微"指教学时间较短、教学内容较少、资源容量较小,"微"也代表碎片化,其应用可适应移动端的发展;"课"指资源组成、结构或构成"情景化",资源使用方便,注重内容导入、过程策略、教学总结与学习拓展。微课通过见微知著来实现小课堂大教学目标。对于微课的评价,可从微课内容、微课设计、技术规范3个维度展开(见表6-3)。

表6-3　微课评价指标体系

一级指标	二级指标	指标观测点
微课内容	选题定位	➤ 符合课程标准的要求,教学目标清晰,定位准确 ➤ 选题小而精,重难点突出,能有效支持学习者的自主学习 ➤ 主题突出,内容具体,体现学科教学过程中的重点、难点、疑点、热点
	组织结构	➤ 内容正确健康,无知识性和科学性错误 ➤ 内容容量合适,组织结构严谨合理,具有相对独立性和完整性,符合学习者的认知水平和认知逻辑规律
微课设计	教学设计	➤ 内容讲解透彻清楚,深入浅出,富有启发性,易于学习者理解 ➤ 教学策略得当,教学手段合理,能促进学习者思维培养和能力提升 ➤ 教学主线清晰,重点突出,层次分明,逻辑性强,有利于学习者开展自主学习 ➤ 教学内容与呈现准确,教学环节与过渡流畅 ➤ 理论联系实际,融知识讲授、能力培养与素质教育于一体

续　表

一级指标	二级指标	指标观测点
微课设计	媒体设计	➤ 理念先进，表现形式独特，构思新颖 ➤ 内容呈现形式、呈现顺序，以及相应素材选取符合自主学习规律 ➤ 媒体多样化，针对不同的教学内容、学习者的认知特点，设计运用不同的表现形式（如文字、图形图像、动画、视音频等），以最直观的方式给学习者展示学习内容 ➤ 运用信息技术有效完成教学任务，切实解决教学重点和难点问题，促进学习者学习兴趣和学习能力的提高
技术规范	声音规范	➤ 授课语言准确严谨，表达规范，语速得当，有节奏感和感染力 ➤ 其他声音使用恰当，有助于学习内容理解
	画面规范	➤ 视频画质清晰，图像稳定，播放流畅 ➤ 字幕文字清楚，界面布局美观，色彩搭配恰当，符合学习者心理，有助于学习内容展示

三、教育游戏评价指标体系

随着信息技术的发展，移动设备、信息技术应用等越来越多地渗透到中小学课堂和家庭教育中，一线老师和家长开始关注有趣易懂的学习方式。教育游戏是指教育信息化时代产生的一种寓教于乐的教学方式，它以教育为目的，以游戏为手段，融知识性、娱乐性于一体，对学习者的学习和生活发挥了重要作用。"基于游戏的学习"是目前比较受欢迎的学习模式，是信息化教育发展的新方向。

教育游戏评价是指从一定理论视角出发，运用特定评价标准、方法、技术、工具和流程对教育游戏的优势或价值进行明确的过程。对中小学教育游戏的合理评价，有助于使用者选择合适的教育游戏，同时促

中小学在线教育质量保障与评价研究

进游戏开发者开发出更加优质的游戏作品。教育游戏评价总体来说主要从技术性、非技术性和游戏性3个层面展开：技术性主要考察与教育游戏的功能或性能密切相关的可用性、可靠性、易用性、稳定性、安全性和可维护性等；非技术性主要衡量教育游戏的世界观及其所倡导的教育价值观，包括嵌入其中的学习目标、理念、方式和内容等；游戏性主要考虑教育游戏设定、情境创设、趣味性、激励机制和游戏体验等。考虑到评价的可行性和可操作性，教育游戏评价指标体系主要包含游戏内容、游戏设计和技术应用3个一级指标，以及教学性、科学性、教学设计、情境设计、交互设计、艺术设计、标准化、安全性8个二级指标和对应的指标观测点（见表6-4）。

表6-4　教育游戏评价指标体系

一级指标	二级指标	指标观测点
游戏内容	教学性	➢ 符合教学要求，教学目标明确，与知识点联系密切 ➢ 学习目标可以通过游戏学习过程达到
	科学性	➢ 内容准确，符合学习者认知规律 ➢ 组织结构合理，逻辑体系严密，有利于学习能力培养
游戏设计	教学设计	➢ 目标清晰、定位准确，重点、难点突出，启发性、引导性强 ➢ 游戏中学习活动设计符合学习特点，有创新性 ➢ 游戏情节设计逻辑性强，符合基本规律 ➢ 有游戏激励机制和反馈机制，可激发学习者的学习动机
	情境设计	➢ 趣味性强，有助于激发学习者的学习兴趣 ➢ 教学目标和游戏目标实现了有机整合，知识融入适当合理 ➢ 游戏类型丰富，可根据学习主题选择合适的游戏类型
	交互设计	➢ 提供有效的学习反馈，导航清晰 ➢ 交互形式多样，能够满足内容展示和自我评价的需要 ➢ 游戏环境可选，游戏进程可控

续　表

一级指标	二级指标	指标观测点
游戏设计	艺术设计	➤ 界面设计简洁明快、美观大方、新颖活泼、富有创意 ➤ 整体风格统一,色彩搭配协调,视觉效果好
技术应用	标准化	➤ 技术指标符合国家《教育资源建设技术规范》《基础教育资源元数据规范》和国家数字教育资源公共服务平台技术要求
	安全性	➤ 能够在常用学习终端流畅播放,导航清晰 ➤ 链接准确、响应及时有效,稳定,容错性好 ➤ 无不良链接和广告,个人信息受保护

四、虚拟仿真系统评价指标体系

虚拟仿真系统是一种创新型的仿真软件,是学科和信息技术深度融合的产物。相比于传统的仿真系统,其仿真性、互动性更进一步,并且有着良好的在线帮助和学习功能,可以帮助学习者迅速掌握有关技能。依托虚拟现实、多媒体、人机交互、数据库和网络通信等技术,结合不同学科特点,构建出一个高度仿真的虚拟教学环境,通过 VR 技术实现 3D 仿真教学,使教学内容不再是简单的平面和动画,同时给学习者第一人称沉浸式的直观体验,带来身临其境的感觉和强烈的实操代入感。对于教育领域的虚拟仿真系统,其评价指标体系构建主要围绕教学内容、教学设计、技术规范和仿真效果 4 个一级指标,以及知识与能力、完整与标准、内容设计、策略设计、活动设计、操作性能、媒体应用、界面效果、环境效果、操作效果、预测效果 11 个二级指标和对应的指标观测点展开(见表 6-5)。

表 6-5 虚拟仿真系统评价指标体系

一级指标	二级指标	指标观测点
教学内容	知识与能力	➤ 目标清晰、定位准确、规范,适应于相应认知水平的学习者 ➤ 知识构架清晰,知识点明确、突出;知识链接科学、连续、自然 ➤ 能力构架清晰,技能点明确;能力关联科学有效,对核心能力或技能形成支撑
	完整与标准	➤ 可以完成一个相对完整的教学内容,或一个完整技能训练点 ➤ 对逻辑性、程序性、操作性训练内容,实施标准化、规范化设计
教学设计	内容设计	➤ 呈现教学内容的技术手段科学有效,符合认知或技能形成的一般规律 ➤ 根据不同学习内容类别,采用不同设计理念、设计思路和设计手段,实现学习设计的有效性、针对性和科学性
	策略设计	➤ 教学策略设计先进、得当,能够充分发挥教学软件作用 ➤ 教学交互和互动设计适当,操作简便、趣味、效果好 ➤ 学习路径简捷,学习操作方便,仿真环境环保、健康、友好、趣味
	活动设计	➤ 学习者可自主选择学习、训练路线,自主选择考核方式 ➤ 考核方式设计多样,能培养学习者问题研究和创新能力 ➤ 针对性设计学习者学习过程的跟踪评价、学习结果的阶段评价及学习结束的综合评价
技术规范	操作性能	➤ 制作工具软件科学、先进,满足设计需求 ➤ 操作方便,响应快速,容错性好,适用于各类终端 ➤ 导航清晰无误,交互形式多样,仿真元素逼真,技术含量高

续　表

一级指标	二级指标	指标观测点
技术规范	媒体应用	➢ 多媒体技术使用科学合理，素材选择切合主题 ➢ 有利于仿真教学手段实现和提升学习效果
	界面效果	➢ 界面布局合理、有创意，整体风格统一，空间感染力强 ➢ 色彩搭配协调，视觉效果好，符合视觉心理
仿真效果	环境效果	➢ 仿真环境逼真，沉浸感强，仿真效果好，可实现整体或区域性漫游功能 ➢ 制作精细，吸引力强，激发学习兴趣，促进创新思维
	操作效果	➢ 对关键器件可以实现拆卸、移动、展示、透视等功能 ➢ 对关键性仿真教学内容可以实现必要的物理、化学或自然属性
	预测效果	➢ 整体布局科学，仿真对象选择合理 ➢ 仿真环境选择真实，必要链接齐全 ➢ 对重点、难点问题解决方案科学、先进，预测效果突出

五、教学课件评价指标体系

教学课件是为了帮助学习者更好地融入学习氛围，吸引学习者关注教学内容，帮助学习者增进对教学内容的理解，以实现学习目的。教学课件的形式比较多，这里的教学课件主要指 PPT 教学课件。教学课件评价指标体系包含课件内容、课件设计和技术规范 3 个一级指标，以及准确性、适用性、目标定位、媒体应用、标准化、规范化 6 个二级指标和对应的指标观测点（见表 6-6）。

表 6-6　教学课件评价指标体系

一级指标	二级指标	指标观测点
课件内容	准确性	➤ 符合课程标准的要求,内容完整,语言准确、严谨
	适用性	➤ 内容组织及其结构合理,知识点关联清晰,教学目标明确
课件设计	目标定位	➤ 目标清晰,定位准确,重点、难点突出,启发性强,引导性好,有利于激发学习者的学习动机 ➤ 能够支持解决教学问题,对教学起正面促进作用,易于使用与推广
	媒体应用	➤ 多媒体技术运用恰当,并具有相应的控制技术,操作方便、灵活 ➤ 媒体呈现形式多样,能够有效支持教学过程 ➤ 学习导航清晰,能满足内容展示、教学评价等需要
技术规范	标准化	➤ 课件的技术指标符合国家《教育资源建设技术规范》《基础教育资源元数据规范》和国家数字教育资源公共服务平台技术要求 ➤ 课件文件采用常用格式,大小合适,能够在常用教学终端流畅播放,在普通宽带条件下快速下载
	规范化	➤ 导航清晰,链接准确,响应及时有效,容错性好 ➤ 界面设计简明、布局合理、有创意,整体风格统一 ➤ 色彩搭配协调、重点突出,视觉效果好,符合视觉心理

第四节　在线教育师资评价指标体系构建

一、教师评价

目前我国对于中小学教师的考核评价依据是教育部发布的 3 个标

准,即《小学教师专业标准(2012 版)》《中学教师专业标准(2012 版)》《中小学教师信息技术应用能力标准(2014 版)》。

《小学教师专业标准(2012 版)》《中学教师专业标准(2012 版)》是教师实施教育教学行为的基本规范,是引领教师专业发展的基本准则,是教师培养、准入、培训、评价考核等工作的重要依据。上述标准对教师的专业伦理、工作态度、专业知识、专业能力和实践水平等确立了质量规格,并做出了明确规定。其以师德为先、学习者为本、能力为重、终身学习为基本理念,从专业理念与师德、专业知识和专业能力 3 个维度提出了国家对合格教师专业素质的基本要求。

《中小学教师信息技术应用能力标准(2014 版)》是规范与引领中小学教师在教育教学和专业发展中有效应用信息技术的准则,是各地开展教师信息技术应用能力培养、培训和测评等工作的基本依据。该标准对教师在教育教学和专业发展中信息技术应用能力提出了基本要求和发展性要求:一是应用信息技术优化课堂教学的能力为基本要求,主要包括教师利用信息技术进行讲解、启发、示范、指导、评价等教学活动所应具备的能力;二是应用信息技术转变学习方式的能力为发展性要求,主要针对教师在学习者具备网络学习环境或相应设备的条件下,利用信息技术支持学习者开展自主、合作、探究等学习活动所应具备的能力。《中小学教师信息技术应用能力标准》是 2014 年颁布的,当时在线教育还处于发展期,还没进入中小学视野,对于开展在线教育的教师具体需具备哪些能力标准还不是很明确。

二、在线教育教师评价

因新冠疫情影响而不得不开展的大规模在线教育从一个侧面说明,在线教育教师是决定在线教育质量高低和学习者成功与否的关键因素之一。教师在在线教育中需履行多种职能,教师必须关注教学、社会交互、管理和技术。教师的角色,是教学的(承担促进者和管理者的角色)、社会的(创造友好的环境)、管理的(协调作业、管理在线讨论)和技术的(对学习者的技术和系统问题分析)综合。因此,在虚拟环境下,教师除了常规的知识传授和教书育人职责外,还承担着社交、管理和技术的角色与职责,这对在线教育教师的知识和技能提出了新的要求,特别是对教师如何创建和培养有助于支持学习者协作学习和反思性批判对话的在线社区,帮助学习者积累有意义的学习经验等提出了挑战。

在线教育教师首先是教师,需具备一般教师的专业素养和专业责任,如需达到中小学教师基本专业标准和教师信息技术应用能力标准,然后才是考虑从事在线教育需具备的在线教学能力与素养。借鉴美国 K-12 阶段的《在线教学质量标准》,我国中小学在线教育教师评价指标体系构建包含教师素养和在线教学能力 2 个一级指标,以及专业素质、专业责任、数字公民、在线教学设计、在线教学实施、学习社区建设、学习者参与、多元化教学、在线学习评价 9 个二级指标和对应的指标观测点(见表 6-7)。

表 6-7　在线教育教师评价指标体系

一级指标	二级指标	指标观测点
教师素养	专业素质	➢ 达到中小学教师基本专业标准 ➢ 达到教师信息技术应用能力标准

续　表

一级指标	二级指标	指标观测点
教师素养	专业责任	➢ 了解有效在线教学的基本概念和结构,并能够创造在线学习体验 ➢ 符合专业教学标准或具有其所教领域的学历 ➢ 不断追求与在线学习和教学相关的知识与技能 ➢ 了解在线学习在帮助学习者成为全球公民方面的作用 ➢ 具备有效的时间管理策略 ➢ 在线教师是数字公民的典范
	数字公民	➢ 示范、指导和鼓励与技术使用相关的合法、合乎道德和安全的行为 ➢ 为学习者提供培养和促进数字公民素养的学习体验 ➢ 为学习者建立行为准则,确保学术诚信和合理使用互联网 ➢ 示范并遵守知识产权政策和合理使用原则,并要求学习者践行
在线教学能力	在线教学设计	➢ 策划和开发教学材料与资源,吸引学习者并确保实现学习目标 ➢ 依据学习分析结果设计个性化教学 ➢ 按照学习需求动态调整在线教学 ➢ 设计学习体验,利用技术有效地吸引学习者 ➢ 采用形成性的方法来设计课程 ➢ 将多种媒体融入在线学习模块 ➢ 将特定学科和适合发展的数字学习资源整合到在线学习模块 ➢ 审查所有课程内容,并使其与适用的课程目标和标准保持一致 ➢ 创建、选择并组织适当的作业和评估,使学习内容与基于标准的学习目标一致 ➢ 整理媒体和内容,以帮助师生在在线环境中最有效地传播知识

续　表

一级指标	二级指标	指标观测点
在线教学能力	在线教学实施	➤ 基于在线行为数据进行学习画像 ➤ 为所有学习者提供安全的在线学习空间 ➤ 使用现有和新兴的系列技术,有效支持学习者在线学习参与 ➤ 使用数字教学工具,支持交流、协作、分析、演示、研究、内容传递与交互 ➤ 结合学科特定的技术、工具和资源来满足个性化学习需求 ➤ 使用不同类型工具实现在线教学与学习互动,培养学习者关系,鼓励学习者互动,监控和激励学习者参与 ➤ 具备基本的故障排除能力,能够及时处理技术问题
	学习社区建设	➤ 为学习者提供社会性支持,构建学习者交流和互动社区 ➤ 利用教学策略和技术促进学习者与教师、同伴之间的交流互动 ➤ 促进在线学习小组的生生互动,促进合作和提升高层次思维技能 ➤ 采用以学习者为中心的教学策略,利用技术进行学习者协作 ➤ 对学习者之间的互动提出期望和要求 ➤ 满足各种背景学习者的学习需求
	学习者参与	➤ 通过明确的期望、迅速的反应和定期的反馈来促进学习者的成功 ➤ 通过与学习者或其他利益相关者的互动促进学习者参与学习活动 ➤ 使用数字工具识别学习者参与度和形式,为学习者提供改进信息 ➤ 采用适合学习者的教学进度或与学习者的个人目标、学习轨迹一致的教学进度 ➤ 使用技术建立交流关系,及时反馈和鼓励学习者 ➤ 通过各种形式的教学和学习反馈,帮助学习者掌握内容

续　表

一级指标	二级指标	指标观测点
在线教学能力	学习者参与	➤ 与同事、监护人和社区的其他成员互动，以支持学习者的成功 ➤ 确保学习者拥有必要课程资源和掌握所需信息，以完成学习任务
	多元化教学	➤ 根据学习者不同的学习需求和情感需求进行个性化教学 ➤ 监控学习者的进度，并提供合理的额外学习支持 ➤ 通过定量和定性的数据监测确定需要额外支持服务的学习者 ➤ 与辅导老师或其他工作人员沟通合作，满足学习者的需求 ➤ 创建其他形式的课程材料，以满足不同学习者的学习需求 ➤ 在适当的情况下推荐辅助技术，以满足学习者的需求和偏好 ➤ 为个性化学习者的成长或进步提供额外的学习途径 ➤ 支持并提供论坛平台，分享学习者的才能和技能
	在线学习评价	➤ 以有效、可靠的方式和流程创建与实施在线评价 ➤ 通过评价、项目合作和作业衡量学习者的学习进度，评价是否达成学习目标 ➤ 选择适当的评估工具，让学习者有机会展示对内容的掌握程度 ➤ 使用策略确保学习者的学术诚信和学习者评价数据的安全性 ➤ 实施各种评价，以准确衡量学习者的学习效率 ➤ 使用形成性和终结性评价，以及学习者反馈来评价学习者的进步 ➤ 基于学习者表现、评价数据和学习者需要，为学习者提供个性化学习经验 ➤ 确保作业、评价和基于标准的学习目标之间的一致性 ➤ 通过测量学生对学习目标的实现程度来评估学习进度 ➤ 在课程中为学习者的自我评价创造机会

第七章 协同与整合:
中小学在线教育质量保障机制建设

  2018 年 4 月,教育部印发《教育信息化 2.0 行动计划》,要求 2022 年基本实现"三全两高一大"的发展目标,确保教学应用覆盖全体教师、学习应用覆盖全体适龄学生和数字校园建设覆盖全体学校,普遍提高信息化应用水平和师生信息素养,建成"互联网+教育"大平台。其目的是实现从专用资源向大资源转变,从提升学生信息技术应用能力向提升信息技术素养转变,从应用融合发展向创新融合发展转变。

  2019 年 2 月,中共中央、国务院印发《中国教育现代化 2035》。该文件是我国第一个以教育现代化为主题的中长期战略规划,为教育变革和教育信息化的发展制定了顶层设计,为实现教育信息化和带动教育现代化指明了方向,具体包括加快智能化校园建设、探索新型教学方式、创新教育服务业态和推进教育治理方式变革。《中国教育现代化 2035》提出,构建服务全民的终身学习体系,注重教育普及,注重终身学习和个性化教育,要求通过利用现代技术加快推动人才培养模式改革,实现规模化教育与个性化培养的有机结合。

2021年7月,教育部、国家网信办、国家发展改革委、工业和信息化部、财政部、中国人民银行6部门发布《关于推进教育新型基础设施建设构建高质量教育支撑体系的指导意见》,指出教育新型基础设施建设(以下简称"教育新基建")是以新发展理念为引领,以信息化为主导,面向教育高质量发展需要,聚焦信息网络、平台体系、数字资源、智慧校园、创新应用等方面的新型基础设施体系。教育新基建是国家新基建的重要组成部分,是信息化时代教育变革的牵引力量,是加快推进教育现代化、建设教育强国的战略举措。其指导思想是以教育新基建壮大新动能、创造新供给、服务新需求,促进线上线下教育融合发展,推动教育数字转型、智能升级、融合创新,支撑教育高质量发展。其目标是到2025年基本形成结构优化、集约高效、安全可靠的教育新型基础设施体系,并通过迭代升级、更新完善和持续建设,实现长期、全面的发展。建设教育专网和"互联网+教育"大平台,为教育高质量发展提供数字底座。汇聚生成优质资源,推动供给侧结构性改革。建设物理空间和网络空间相融合的新校园,拓展教育新空间。开发教育创新应用,支撑教育流程再造、模式重构。提升全方位、全天候的安全防护能力,保障广大师生切身利益。在信息网络方面,《关于推进教育新型基础设施建设构建高质量教育支撑体系的指导意见》提出,要建立教育专网,按需扩大学校出口带宽,实现中小学固定宽带网络万兆到县、千兆到校、百兆到班,以及部省数据中心、高校超算中心等设施的高速互联。在平台体系建设方面,《关于推进教育新型基础设施建设构建高质量教育支撑体系的指导意见》表示,要构建"互联网+教育"大平台,聚合各类教育应用,构建面向各级各类学校的开放平台,建设开放应用接口体系,支持各方主体提供通用化的教育云应用,构建多元参与的教育应用新生态。

《教育信息化 2.0 行动计划》《中国教育现代化 2035》《关于推进教育新型基础设施建设构建高质量教育支撑体系的指导意见》为在线教育的未来发展指明了方向,也对在线教育质量保障提出了更高要求。2021 年教育部等 5 部门发布的《关于大力加强中小学线上教育教学资源建设与应用的意见》就如何扩大义务教育阶段优质数字教育资源覆盖面,提升中小学教学质量提供了行动指南,其改革思路与"双减"的要求不谋而合。另外,"双减"实施半年后,北京师范大学中国教育与社会发展研究院于 2022 年 3 月发布了《全国"双减"成效调查报告》[①]。报告指出,"双减"实施取得了很好的成效,但也面临教师负担重、课后服务保障机制不健全、教学资源不足等诸多困难和挑战,建议完善课后服务内容和课后服务制度、实施教育信息技术公共服务赋能战略等。2022年全国两会期间,也有代表提出通过教育信息化助力"双减"落地,坚守教育公益属性,拓宽课后服务渠道,做强做优免费线上学习服务,推动教育资源均衡发展,如提高课堂教学和作业布置的精准性助力"减负"、智能技术助力"课后服务"帮助学生全面发展、加速资源共享及评价改革等,其关键就是借助在线教育共享优质资源、增加课后服务内容和提升课后服务质量,同时缓解学校和教师负担。在这样的形势下,学校在

---

① 北京师范大学中国教育与社会发展研究院:《全国"双减"成效调查报告》,2022 年 3 月 2 日,https://baijiahao.baidu.com/s? id=1726179261846731711&wfr=spider&for=pc,2022 年 6 月 5 日。

线教育负有重要使命,在线教育质量保障更是重中之重。本章在梳理在线教育质量保障要素的基础上,借鉴美国 K-12 在线教育质量保障体制机制的做法,提出我国中小学在线教育质量保障的组织架构和机制建设思路。

第一节　在线教育质量保障要素

在线教育是基于互联网开展的线上教学活动。从在线教学活动开展要素来看,在线教育既涉及环境、资源、人员等基本要素,也涉及家庭、教育机构、社会企业等相关要素;从教育管理角度考虑,在线教育质量保障关键要素主要是课程资源、学习支持服务、质量管理策略和在线教育师资[1](见图 7-1)。在线教育质量保障机制建设需围绕这些关键要素展开。

---

[1]　白滨:《在线教育的路径选择与质量保障》,高等教育出版社 2019 年版,第 207—211 页。

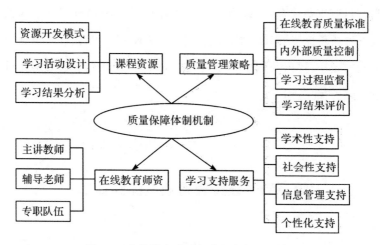

图 7-1 在线教育质量保障要素与机制建设

一、课程资源

在线教育区别于传统教育的主要表现是教与学时空的相对分离。课程资源是开展在线教育的重要载体,是教与学活动发生的重要依托,是学生在线学习的重要依据,因此在线教育课程资源的质量在很大程度上会影响在线学习质量。课程资源质量保障涉及资源开发模式、学习活动设计和学习结果分析 3 个方面,其中资源开发要考虑的是课程资源建设、课程资源供给和课程资源评估,每个环节都需注重质量,需有相应的规范,确保学生最终能接触到优质课程资源。

二、在线教育师资

在线教育得以开展的关键要素,主要包括教师、学生、管理者 3 类对象,其中教师是在线教育教学服务的提供者,是保障线上教学质量的关键。其实无论是传统教学还是在线教学，教师在教育质量保障中都是不可或缺的一环。教师的信息素养、专业素养、资源设计与开发能力、对在线学习的认识与把控能力，以及对现代教育技术的掌握程度等，都会对在线教育质量产生影响。在线教育师资通常包含主讲教师、辅导教师和专职队伍。主讲教师是在线课程内容设计的核心人员，是课程资源质量保障的一个环节，通常在在线教学过程中会配有远程助教，主要解决在线课堂问题和改善在线课程流程，协助主讲教师完成在线教学工作，如撰写和发布课程公告、创建学生组、主持在线讨论、查看讨论和评阅学生作业、提供反馈并提交成绩等；辅导教师是教与学时空分离的在线学习环境中学生与学习资源之间的媒介，是教学互动的桥梁和纽带；专职队伍是协助在线教育正常开展的运维人员。从在线教育标准性质量观角度考虑，在线教育质量保障的关键是制订合适的在线教师标准并加以实施、监管。

三、学习支持服务

学习支持服务主要由在线教育机构（平台）、学校、教师等为学生提供，包括涉及资源、信息、人员、技术、设施等方面的学术性支持服务、社会性支持服务、信息管理支持服务和个性化支持服务，其中学术性支持、社会性支持和信息管理支持是学习支持服务的基础，是个性化支持服务的前提。学习支持服务目的在于指导、帮助和促进学生的自主学习，提高在线学习质量和效果。在在线学习过程中，师生分离是常态，学生自主学习占据比例较高，对学生的自制力有一定要求，而学生的在线学习自觉性和主动性普遍不高，通过及时的信息沟通、学习过程监督与管理,为学生开展学习咨询辅导和学习技能培养、向学生提供情感支持等个性化支持服务,能在一定程度上缓解在线学习压力,培养学生的归属感,减少在线学习的孤独感,避免出现个体主体性功能削减、情感支持缺位等问题。

四、质量管理策略

质量管理策略主要涉及在线教育质量标准、内外部质量控制、学习过程监督和学习结果评价 4 个方面。影响在线教育质量的一个重要因素在于在线教育是否有合适的质量标准和行之有效的管理机制。就管理机制而言,从政府层面来看,政府管理机构对于在线教育的监管是否到位,是否有在线教育质量保障的顶层设计;从学校层面来看,是否建立起了有效的在线教育运行机制、评价机制和质量保障机制;从在线教育行业层面来看,是否有约定俗成的行业规范。另外,外部质量评估认证对内部质量管理与保障有促进作用。

第二节　美国 K-12 在线教育质量保障机制

美国开展 K-12 在线教育比较早,在质量保障机制方面采取了一些相应措施,可在一定程度上保证在线教育质量,这些措施主要涉及 3 个层面:一是技术支持与资金保障,保证学校、师生开展在线教育的基础条件和教育资源；二是政策制定与制度保障，确保在资金投入、系统架构、技术支持、开放教育资源建设等层面为在线教育的健康发展提供保障；三是机制优化与权责划分，通过政策制定和法律引导的方式明确K-12在线教育利益相关者各自的职责权利。

一、技术支持与资金保障

(一)技术支持

由美国教育部和教育技术主管协会协议开发学习资源包和学习工具包，支持区域在线学习计划，提升国家协同领导力。

(二)资金保障

资金保障主要表现在在线教育的教师专业发展、优质资源供给、在线学习设备、教育合作交流等方面有足够的财政支持（见图7-2），确保教师有条件改进专业学习和提升个性化程度，师生有高质量的在线学习内容和学习资源，以及可获取在线学习资源的设备，教育合作与交流可顺利开展。

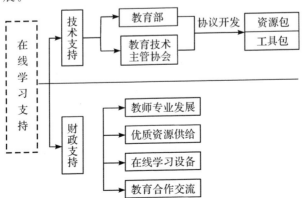

图 7-2　美国 K-12 在线教育技术支持与资金保障

二、政策制定与制度保障

在线教育政策是驱动在线教育发展的直接动力，是促进和规范在线教育可持续发展的根本保障。从 1996 年开始，美国联邦政府每隔一段时间就会颁布"国家教育技术规划"（National Education Technology Plan，NETP）及其他相关法令和政府工作计划（见表 7-1），在资金投入、系统架构、技术支持、开放教育资源建设等层面为在线教育的发展提供制度保障。

表 7-1　NETP 发布计划及相关政策与举措①

计划名称	相关政策与举措	计划与政策重心	主要目标
NETP1996《为美国学生迈进 21 世纪做好准备——迎接技术素养的挑战》	《改进美国学校法案》（ *Improving America's Schools Act of* 1994）	完善基础设施建设	（1）所有师生在学校能获得技术支持与所需的培训，多数学校通过技术为学生提供学习体验（2）在线学习资源作为学校课程的必要组成部分
NETP2000《E-Learning：让世界一流教育触手可及》	《2000 年目标：美国教育法》（ *Goals* 2000： *Educate America Act* ）	教育技术应用普及	（1）所有师生都能在学校、社区及家中使用信息技术提升教与学水平（2）通过数字化内容及网络应用变革教与学

①　阮士桂、郑燕林：《美国国家教育技术规划的沿革及启示》，《现代教育技术》2011 年第 12 期，第 38—42 页。赵建华、蒋银健、姚鹏阁、李百惠：《为未来做准备的学习：重塑技术在教育中的角色——美国国家教育技术规划（NETP2016）解读》，《现代远程教育研究》2016 年第 2 期，第 3—17 页。

计划名称	相关政策与举措	计划与政策重心	主要目标
NETP2004《迈向美国教育的新黄金时代:因特网、法律及当代学生的变革展望》	《不让一个孩子掉队法案》(No Child Left Behind)	规范教育技术应用	(1)支持 E-Learning 与虚拟学校的构建与应用(2)促进网络连接与学习内容数字化,提高信息技术应用效能
NETP2010《变革美国教育:技术推动学习》	《"力争上游"计划》(Race to the Top)	构建可持续发展的全民终身学习体系	(1)保障所有年龄段学习者个性化学习体验的权利,在校内外均能获得有效的学习体验(2)提高毕业生的比例和缩小学生之间的成就差异
NETP2016《为未来做准备的学习:重塑技术在教育中的角色》	《每一个学生都成功法案》(Every Student Succeeds Act)、《"学生支持和学业提升"资助计划》(Student Support and Academic Enrichment Grant)、《Connect Home 项目》	技术推动学习的进一步延伸	(1)技术变革正式和非正式学习,提高信息技术应用效能,缩小公平性和可及性差距(2)消除数字鸿沟,获取学习资源,随时随地开展沉浸式和自主性学习体验

可见,美国在线教育相关计划与政策内容涵盖学习环境构建、资源建设、在线学校准入、课程设置、教师资质、政府资助、在线学习质量评估等。美国在线教育政策是驱动在线教育发展的直接动力,也是促进和规范在线教育可持续发展的根本保障。美国在线教育政策重点体现在问责制、教育均衡、教育系统变革与创新、在线教育师资准备、教育大数据治理和开放教育资源建设等方面。

（一）问责制

问责制是指出台的相关政策明确各方职责，推动资源建设、学习绩效考核等方面的标准化评估和基于大数据的学习分析，推进全美范围内在线课程、数字化资源和教师资源的跨区域共享。美国教育部颁布的《改进美国学校法案》和《2000 年目标：美国教育法》引发了美国 K-12 领域的问责制、标准化和系统化的学校改进运动。这些法案允许学生自由择校的结果就是催生了许多全日制虚拟学校和特许虚拟学校的产生（如美国规模最大的州立虚拟学校——佛罗里达虚拟学校）。2004 年颁布的《不让一个孩子掉队法案》进一步强化了 K-12 教育系统中的问责制和标准化，虚拟学校的作用受到进一步重视，并得到迅速发展。

（二）教育均衡

政府制定在线教育政策，通过改善信息化基础设施来提高 K-12 系统中的互联网接入率，赋予学生和家长择校权，以及通过在线教育实现教育均衡和教育公平，确保每位适龄儿童可利用在线教育和数字化学习接受公平的教育机会。美国第一个国家教育技术规划《为美国学生迈进 21 世纪做好准备——迎接技术素养的挑战》为信息技术在美国 K-12 的应用提供了系统框架，加大了政府对 K-12 教育信息化的资金投入，极大推动了信息技术和在线教育在中小学教学中的广泛应用。

（三）教育系统变革与创新

以在线教育促进 K-12 教育系统的变革与创新，包括利用在线教育提高 K-12 教育系统的效率和生产率，变革现有的学校系统，倡导能力本位的学习，以及近年来引发极大关注的在线教育项目资助机制和模式的改变。成立于 1997 年,美国迄今为止规模最大的州立虚拟学校——佛罗里达虚拟学校,使美国 K-12 在线教育实践走向系统、有序和高效;2000 年,美国国会和总统共同委托网络教育委员会评估互联网对于促进学生学习的潜能,研究报告建议将数字化学习纳入联邦政府的国家教育政策。

(四)在线教育师资准备

在线教育一个关键因素是教师,美国于 2019 年发布的 K-12 阶段《在线学习质量国家标准》的子标准《在线教学质量标准》实际上就是对在线教师提出的要求。在线教育教师的准备包括在职教师和职前教师信息素养与在线教学技能、标准、资格认证等的准备,以及对教师从事在线教学管理的制度准备等。相关制度明确规定,K-12 在线教育的教师培训分为职前教师培训和职后教师专业发展。职前教师培训主要有全美层面的培训、区域培训小组、营利性机构的培训和在线学校的培训 4 种类型。全美层面的培训项目主要由中佛罗里达大学与佛罗里达虚拟学校联合,以及密歇根州和密歇根虚拟学校联合提供;区域培训小组主要提供在线课程;营利性机构的培训主要培训产品的技术使用;所有职前教师职业发展的培训主要通过在线学校来完成。职后教师专业发展的培训主要有美国认证的项目、州教育部门的培训项目和非营利性组织的项目 3 种类型。

(五)教育大数据治理

随着 K-12 领域教育大数据的不断积累,关于学生数据隐私的保护和安全问题是在线教育比较关注的话题,相关政策和措施的出台也是必然。"数据质量运动"(美国数据隐私保护领域的民间组织)一直呼吁各级政府、学区、学校和运营商建立专门的数据隐私保护机构。针对教育大数据应用中出现的学生数据隐私侵犯问题,学校和运营商层面的措施制定进展相对滞后。在联邦和州政府层面,通过立法和政策引导,加上行业协会的自律性政策,美国已基本建立起数据隐私保护的组织架构和数据隐私保护法规体系,如 2012 年修订的《儿童在线隐私权保护法》规定,儿童主题商业网站经营者或有意向儿童收集个人数据的网站经营者不得以不公平或欺诈方式收集、使用及披露 13 岁以下儿童的个人网络数据。2015 年 4 月美国国会通过的《学生数字隐私和家长权利法》法案规定了 K-12 年级学生网站、在线学习、应用软件等标准,禁止利用学生数据从事广告或商业活动,除非特定情况下,禁止将学生数据向第三方共享。

(六)开放教育资源建设

在面向全美的 K-12 OER(Open Educational Resource,开放教育资源)政策引导下,美国典型的 K-12 开放教育资源项目有政府开发的 OER 项目、政府部门或基金会开发的 OER 项目、企业组建的 OER 项目、社会团体和个人组建的 OER 项目 4 类。美国教育资源门户项目(Gateway to Educational Materials,GEM)是美国教育部和美国国家图书馆联合发起的项目,其目标是为美国的教师、学生和其他教育人士提供数字教育资源服务。GEM 目前有上万个资源项目,用户以中小学学生为主,几乎所有资源都是免费的,如美国儿童教育资源网是面向全美K-5 年级儿童、6—8 年级青少年和教师开发的免费资源门户网站。

Curriki 是 Sun 公司联合大学和研究机构创立的免费课程和教育资源平台,专注于 K-12 所有课程,Curriki 的特色在于向开发者提供开源工具,通过开源的课程方式支持开发和汇聚开放教育资源,允许任何人免费发布和共享教学材料。社会团体和个人组建的 OER 项目代表是可汗学院,这个项目利用互联网向世界各地的人们提供免费的高品质教育资源。美国开放教育资源建设既发挥了政府的主导性作用,又发挥了社会团体和个人的补充性作用,政府主导和市场运作相得益彰,开发了面向不同用户、不同层次的开放教育资源。资源建设机制灵活,既有为社会个人惠及资源提供支持,又有健全的资源审查、评价与奖励机制。

三、机制优化与权责划分

美国政府为了 K-12 在线教育的发展制定了多部法律政策,但美国宪法规定了 K-12 在线教育的责任主要还是在于各州。K-12 在线教育的财政投入方面主要由各州负责,联邦政府不过多干涉。但为了保证在线教育质量,联邦政府也会通过政策、法律的引导向各州和学校提供援助,明确政府机构、供应商、中介机构、K-12 学校等在线教育利益相关者各自的职责权利(见图 7-3)。

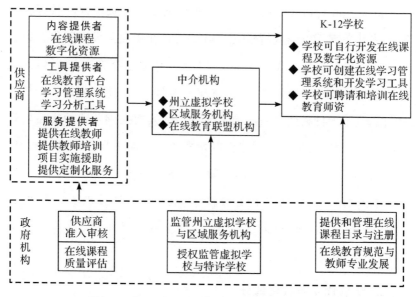

图 7-3　美国 K-12 在线教育利益相关者职责权利

(一)政府机构

政府机构主要负责对供应商进行准入审核;委托第三方质量评估机构进行在线课程质量评估和在线教育绩效评估;监管州立虚拟学校与区域服务机构,或授权监管虚拟学校与特许学校,重点在虚拟学校的审批、课程设置到相关人员的聘用等环节加强对虚拟学校的管理,以保证虚拟学校的教育质量;提供和管理在线课程目录与注册;规范在线教育与教师专业发展。政府机构的政策直接决定在线教育的资金资助、课程质量、虚拟学校的发展等,并通过加强在线教育体制、法规、支持性服务体系的建设来促进美国在线教育的发展。从"质量"角度考虑,政府一方面对在线课程供应商进行严格认证,使用领域内享有权威的标准对在线课程进行审查,确保课程产品质量;同时要求学区、虚拟学校或课程供应商做好课程学习中的监督与辅导、课程学习后的测试与评估,以保证课程学习的质量。另一方面,将课程供应商的选择纳入政府绩效问责系统,促使政府督促课程供应商提升在线课程资源和服务的质量。

（二）供应商

这里的供应商泛指 K-12 教育机构提供在线课程、学习内容、学习指导、工具和其他在线学习资源和服务的经营实体,可以是公司、政府机构,或者是非营利性组织。供应商可以是在线课程、数字化资源等内容的提供者,在线教育平台、学习管理系统、学习分析工具等工具的提供者,以及在线教师、教师培训、项目实施援助、定制化服务等服务的提供者。供应商主要负责向 K-12 教育机构提供在线课程、学习内容、学习指导、工具和其他在线学习相关的产品和服务,并对相关产品和服务质量负责。

（三）中介机构

中介机构主要指为学校提供在线教育服务和项目的机构或联盟,如州立虚拟学校、区域服务机构和在线教育联盟机构。对 K-12 学校来说,供应商是在线学习资源的主要提供者,但供应商不可能把市场集中在某个区域的某些学校,而中介机构不管是在在线课程传递方面,还是在满足学校需求和政府要求方面,都扮演着很重要的角色,能够满足区域政府和学校的特定需求。以州立虚拟学校为例,通过立法、州立机构创建,由州立教育机构管理,也可以由非营利性机构、委办学校、高等院校、州立教育机构委托的区域服务代理机构经营,然后向学校提供在线课程和相关的服务,绝大多数课程和服务都是免费的,或者象征性地收取费用,其日常运营主要靠联邦政府拨款或者基金会的资助。

美国 K-12 阶段中介机构提供的在线教育项目主要有单学区项目、多学区全日制在线学校、州立虚拟学校、联盟在线项目 4 类。单学区项目由学区自主创建,主要服务于本地;多学区全日制在线学校允许学生跨学区学习;州立虚拟学校由州教育机构管理,为全州学生提供在线学习机会;联盟在线项目由学区或中介机构联合开设。不同类型的在线教育项目的教学方式、课程形式及支持体系等存在较大差异,美国则通过新修订的《在线学习质量国家标准》的子标准《在线项目质量标准》来规范在线教育在项目层面的标准,同时要求州和地方学区承担对在线学习的监管责任与支持角色,以保障在线教育的质量。

(四)K-12 学校

美国 K-12 学校是在线教育的实施者和最终受益者,这些学校需要为其所在学区内的学生提供进入在线学习的机会,以及提供在线课程、AP 课程、学分补修等多种服务;同时,学校可自行开发在线课程及数字化资源,创建在线学习管理系统和开发学习工具,以及聘请和培训在线教育师资。

第三节　我国中小学在线教育质量保障机制建设

一、质量保障机制建设指导思想

中小学在线教育质量保障机制建设是以习近平新时代中国特色社会主义思想为指导，坚持核心理念与基本方针，坚持改革创新与多元治理，坚持科技与教育深度融合，统筹教育发展需求，发挥技术优势、变革传统模式、系统推进中小学教育信息化融合和在线教育发展，建立终身教育体系和学习型社会，构建在线教育创新发展的政产学研一体化教育生态，形成新形态、新模式，实现公平有质量的教育，促进人的全面发展，解决教育发展不平衡、不充分问题。

坚持科技与在线教育的深度融合是要推动线上、线下，校内、校外教育的有机衔接，坚持多元治理则强调在线教育的健康有序发展需要行业内自律，但更需要社会各个领域和政府职能部门的支持与配合。结合我国中小学在线教育实际，借鉴美国 K-12 在线教育质量保障机制建设的做法，我国在线教育质量保障机制建设重点是完善在线教育质量保障组织架构，创新在线教育质量保障机制，落实国家在线教育政策，充分发挥市场与政府作用，有针对性地加大教育信息化投入力度，统筹推进中小学在线教育发展。

二、在线教育质量保障组织架构

我国在线教育质量保障组织架构涉及教育部、地方教育行政部门、中小学和质量监测机构(见图 7-4)。地方教育行政部门是质量保障的主要牵头单位,是整个在线教育质量保障的组织者和协调者。主要负责质量保障体系的规划,以及相关政策和制度的制定。[①]

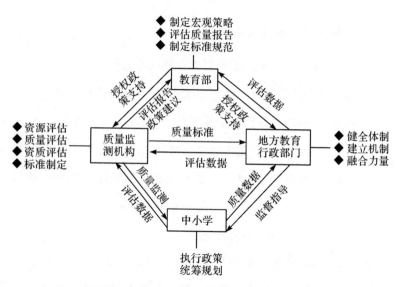

图 7-4 我国在线教育质量保障组织架构

教育部负责制定在线教育宏观策略,建立国家层面的质量保证标准,授权挂牌成立专业的第三方质量监测机构,建立评估信息公开制度和质量监测工作合作机制,并委托专业机构建设在线教育质量大数据

---

① 柯清超、赵培培、吕晓红:《数字教育资源服务的内涵及其发展》,《中国教育信息化》2018 年第 7 期,第 51—55 页。

采集与分析平台，同时授权和指导地方教育行政部门整合力量，建立健全在线教育相关机制。

第三方质量监测机构是实现管办评分离的关键，其主要作用是实现全面诊断、客观监督、舆论引导、决策咨询、促进提升。质量监测机构接受教育部授权，汇聚相关学科专业领域的专家学者制定国家层面的质量保证标准并设计关键监测点和监测指标，以及研发监测工具，同时建立在线教育行业、在线教育师资、在线教育资源3个不同层面的质量保证准入标准，这些标准是开展相关评估的依据。另外，质量监测机构负责与各地方教育行政部门建立监测工作合作机制，协调各中小学，收集监测数据，基于监测评估数据进行在线教育质量诊断，以及问题与成因分析，形成评估报告和政策建议，提交教育部，同时组织学校学习理解监测结果并督导整改。

中小学则是统筹学校在线教育发展规划，落实和执行上级部门制定的在线教育政策，承担本校在线学习的监管责任与支持角色。

三、在线教育行政管理机制

在线教育的可持续发展离不开科学规范的管理。各地区、学校应在教育部相关文件精神的引领下，结合自身实际情况，制定促进在线教育发展的一系列规范、标准，加强多方合作，确保在线教育健康发展。良好的管理和运营机制是推动在线教育的重要方面，在线教育管理主要有3种形式：一是学校自己设置学习中心，这要求学校自行负责在线学习中心的人财物管理，聘用师资提供在线教学管理；二是与社会教育机构合作，与合作机构共同承担学习中心的运营；三是与外部机构（或公司)合作,由外部机构(或公司)负责在线教育的运营和管理,学校负责教学等。在线教育行政管理机制主要表现在建立健全相关政策和制度,强化校内外在线教育监管,完善校外在线教育培训管理;引导在线教育行业转型,搭建数字教育公共服务新生态;加强在线教育研究,提升在线教育管理水平;委托第三方质量评估机构,开展在线教育质量评估。

(一)制定政策,强化校内外在线教育监管

首先要依法治理,加强在线教育监管。出台国家层面的在线教育监管政策和全国在线教育规范,建立在线教育数据库,构建在线教育标准体系,同时建立全国在线教育协同管理平台,发现问题及时处理。如2019年2月,中共中央、国务院印发的《中国教育现代化2035》提出"创新教育服务业态,建立数字教育资源共建共享机制,完善利益分配机制、知识产权保护制度和新型教育服务监管制度",形成现代化的教育管理与监测体系。2019年9月,教育部等11部门联合印发《关于促进在线教育健康发展的指导意见》,要求形成多元管理服务格局:一是保护消费者权益,明确服务规则,畅通消费投诉渠道;二是创新管理服务方式,强化对在线教育机构的实时监测和风险预警;三是加强部门协同监管,加大对在线教育机构的信息归集和部门之间的数据共享力度;四是强化行业自律,支持在线教育行业组织建设,引导行业健康有序发展。2021年4月,天津市消费者协会对外发布国内首个K-12在线教育团体标准《K-12 在线教育服务与评价》①，在在线教育培训机构的师资、课程服务、招生宣传、合同、教学质量、争议处理等方面明确了企业责任，规范了服务范围、要求及服务方式，为规范在线教育服务提供参考依据。

其次要制定政策，加强校内在线教育监管。政府相关部门完善在线教育知识产权保护、内容监管、市场准入等制度规范，各地学校逐步探索将优秀在线课程资源纳入日常教学体系，把在线教育纳入学校常规教育教学工作，包括制定在线课程质量标准体系，建立保证质量的教学组织体系和运行机制。

(二)建立健全制度，完善校外在线教育培训管理

快速发展起来的校外在线教育培训为中小学生提供了多样化和个性化教育服务，同时也出现了直接影响在线教育质量的一些突出问题：一是部分在线教育培训平台存在低俗有害信息及与学习无关的游戏等内容；二是有的培训内容以应试为导向，超标超前，违背教育规律；三是学科类培训者素质参差不齐；四是有的培训预付费过高、合理退费难，用户消费风险大。针对校外在线教育出现的问题，按照《国务院办公厅关于规范校外培训机构发展的意见》的整体要求，2019 年 7 月教育部联合相关部门出台了《关于规范校外线上培训的实施意见》等文件，这是

---

① 《K-12 在线教育服务与评价》团体标准由中国消费者报社联合天津市消费者协会、河北省消费者权益保护委员会、北京大学电子商务法研究中心、北京市律师协会、北京大生知行科技有限公司、小船出海教育科技(北京)有限公司、北京猿力教育科技有限公司、网易有道信息技术(北京)有限公司、上海掌小门教育科技有限公司和北京颐合中鸿律师事务所等共同制定。

国家出台的首个针对校外线上培训的规范性文件。文件对学科类校外线上培训的排查整改、备案审查、监管机制等提出了明确要求,构建了校外线上培训的基本管理制度体系,推动校外线上培训在制度的轨道上有序发展。

教育部等部门通过实施备案审查制度,指导省级教育行政部门结合本地实际,明确校外在线教育培训的备案内容和要求,重点对培训机构、培训内容和培训人员等进行备案。在此基础上,教育部于 2020 年 5 月印发了《义务教育六科超标超前培训负面清单(试行)》[①],共涉及义务教育阶段语文、数学、英语、物理、化学、生物学 6 门学科,对课程标准规定、教科书难度、教学进度等方面提出基本要求,还按照各学科的各项培训主题列举了超标内容,为各地查处培训机构超标超前培训提供了监管依据。

2021 年 3 月国家网信办协同中国网络社会组织联合会成立"在线教育专业委员会"[②],通过制定和完善在线教育行业认证和标准,组织开展从业人员的评估和资质认证,强化行业自律,规范市场管理,引导行业履行社会责任,确保当前在线教育的发展加速从互联网逻辑回归到教育逻辑。其间,在线教育专业委员会向全国在线教育行业发出"坚持立德树人,强化育人导向;坚持诚信经营,强化行业自律;坚持质量第

---

① 教育部:《义务教育六科超标超前培训负面清单(试行)》,2020 年 5 月 8 日,http://www.moe.gov.cn/srcsite/A06/s3321/202005/t20200509_451674.html,2022 年 6 月 5 日。

② 中国网络社会组织联合会成立于 2018 年 5 月 9 日,是中国首个由网络社会组织自愿结成的全国性、联合性、枢纽型社会组织,由 10 家全国性网络社会组织发起成立,其业务主管单位是国家网信办。2021 年 3 月,中国网络社会组织联合会在线教育专业委员会在北京成立。

一,强化社会责任;坚持规范办学,强化社会监督;坚持安全底线,强化信息保护"5项倡议,以引导在线教育企业找准行业定位,回归教育本质,更加注重师资选拔和培训,更加注重内容和产品的研发迭代、质量提升,为社会和消费者提供优质的教育服务。教育部门作为最高层监管部门,仍需持续强化日常监管,抓好线上机构备案审查工作,通过严格审查把好入口关,动态更新黑白名单,建立监督举报平台(如教育部于2018年11月建成上线的"全国中小学生校外培训机构管理服务平台"旨在提供政策解读、培训机构信息查询和投诉举报等服务),广泛接受各方监督。

(三)引导在线教育行业转型,搭建数字教育公共服务新生态

"双减"将改变K-12在线教育行业生态,K-12在线教育公司需要在定位、业务、技术3个方面进行转型。定位方面,校外培训是学校教育的有益补充,具有公益性;业务方面,课后辅导、素质教育是主要转型方向;技术方面,人工智能技术将超过直播技术成为K-12在线教育的主要技术驱动力。校外培训将不再是国家教育体系之外的另一个教育体系,而是要将其与政府部门、学校、社会团体一道,搭建起"平台+教育"的数字教育公共服务新生态,实现教学平台、资源平台、管理平台的互通、衔接与开放,面向全网络、全场景、全流程提供智慧教学、资源共享、远程学习、网络联校、精准帮扶等数字化服务。

(四)加强在线教育研究,提升在线教育管理水平

中小学在线教育是一个系统性的复杂工程,既包括教师、学生、管理者及家庭、政府、企业等其他各类参与人员要素,也涉及信息化基础

环境、教育资源、教与学工具、在线教育平台等物的要素,以及人和物要素之间基于业务需求开展的各类交流互动。在线教育管理内容既包括对在线教育各要素的管理,也包括对在线教育要素关系的监督与评价,只有加强在线教育相关要素研究,才能提升对在线教育监管、督导、评价等工作的管理和治理成效,提供更好的管理服务。

(五)建立监测与评估机制,保障在线教育质量

关注在线教育内容与服务质量,对在线教育平台与机构、课程资源、在线教育师资、在线教育应用、学习支持服务进行监测与评估,及时提供评估结果和反馈信息,为在线教育监管提供依据。

四、在线教育师资储备机制

在线教育师资储备机制可从在线教师质量认证与考核、在线教师专业发展体系、在线教育师资队伍建设 3 个方面入手。

(一)建立和完善在线教师质量认证与考核制度

在线教师质量认证与考核是进入在线教育的教师门槛,是规范在线教师队伍的前提,通过构建在线教师质量认证与考核制度,明确在线教师准入标准和资质,从源头上把控在线教师质量。目前,我国从事中小学在线教学的教师主要有 3 类:一是中小学在职教师,他们通过录制在线课程的方式提供课程资源或直接通过在线教育平台为学生授课;二是退休教师,受聘于教育部门或培训机构,进行资源开发或授课;三是培训机构自行聘请的非公职教师,通过在线教育平台为学生授课、开展学业辅导或为培训机构录制课程资源。

教育部和第三方评估机构定期和随机对注册登记的在线教师的专

业基础知识、教学态度、教学内容、教学方法、教学效果、教学素质、工作绩效等内容进行审查,对从事在线教学的非中小学在职教师进行备案。学校可通过教师自评、同行互评、学生和家长评价等方式,以及根据在线教学中所产生的跟踪数据进行大数据分析等方式,及时了解本校教师的在线教育教学情况。

(二)构建"三位一体"的在线教师专业发展体系

在线教育的复杂性和挑战性,对在线教师培养、培训、发展模式和体系都提出了新的挑战,需构建"互联网+"环境下"政府—研究机构—中小学"三位一体的教师专业发展共同体,对新学习环境及学习方式下教师培养培训和教师的教学方法、工作性质、教师角色、能力标准、知识产权、数据隐私等教师专业发展问题进行深入研究。具体措施有建设教师在线教学共同体和区域教师研修共同体,加强教师信息技术能力和应变能力培训,提高中小学教师在线教学水平,提升教师专业发展,保障在线教学质量。如以校为单位,注重信息技术应用能力培训,根据学校实际情况和教师特点开展针对性培训,引导教师利用信息化手段变革传统课堂;将教师网上指导、师生互动、作业批阅、学情分析、答疑辅导等信息技术应用能力作为培训重点,让教师熟练使用在线教学平台和教育资源智能检索工具、跨越时空教学的可视化展示工具、信息化环境下教学评价工具等在线教学工具。

(三)统筹在线教育师资队伍建设

随着未来教育特别是教育 4.0 时代的到来,个性化学习和泛在学习成为教育发展的重要趋势,在线教育的发展应用会有非常大的空间,尤其是随着社会信息化发展,在线教育会成为常用教学手段,这对于中小学教育不仅是学习方式方法的影响,对教育供给、教育生态等都会产生影响。如学校原来的教学基本由正规的专职教师授课,但当在线教育介入学校的正式教育后,课程的供给方可能会从学校专职教师转变为机构或平台。2019 年 9 月教育部等 11 部门联合印发的《关于促进在线教育健康发展的指导意见》指出,到 2022 年,现代信息技术与教育实现深度融合,在线教育质量不断提升,资源和服务标准体系全面建立。但与此同时,国家对在线教育机构的教师只有基本的资质要求,每个机构关于教师的综合素养、队伍建设的标准都不一样。国家层面需统筹在线教育师资队伍职业水平标准和管理规范,建立与在线教师相关的岗位标准和执业能力评价体系,提升在线教育培训从业人员的专业水平和执业能力。全国政协委员、上海市教育委员会副主任倪闽景在 2021 全国两会上提交了《关于促进网络培训师队伍标准化建设的建议》,这从侧面说明需加强在线师资队伍建设。

在教师队伍培养上,统筹教育信息化专家队伍建设,包括学科教学应用信息化和学校管理信息化专家,推动不同领域教育信息化专家跨界融合,为在线教师构建自我评价和自我导向体系,实现信息素养提升和"互联网+教研",提升在线教育能力。一方面,为适应在线教学的需要,急需加快提升教师信息素养和技术应用能力;另一方面,为实现"互联网+教研"常态化,急需利用新一代信息技术推动教研新发展,创新学科教学团队。

五、在线教育资源供给机制

(一)构建免费教育资源建设与供给机制

目前,我国在线教育资源主要有政府供给、公益供给、个人供给和市场供给 4 种供给模式(见图 7-5),其中除市场供给的市场化资源之外,其他 3 种模式所提供的基础性资源、开放性资源和校本化资源都可纳入免费教育资源行列。[①] 2020 年 2 月,教育部开通国家中小学网络云平台和中国教育电视台空中课堂就是很好的免费教育资源供给举措,通过选择优秀的教师,录制覆盖各年级各学科的免费优质课程,让不同区域的中小学生都可以享受到优质教育资源。在此基础上,为提高落实"双减"水平,促进基础教育高质量发展,2022 年 3 月教育部研究制定了《国家中小学智慧教育平台建设与应用方案》,并将原国家中小学网络云平台改版升级为"国家中小学智慧教育平台"[②],于 3 月 1 日开始试运行。国家中小学智慧教育平台旨在拓展平台服务功能,丰富优质线上教育教学资源,争取建成互联互通、共建共享的线上教育平台体系,覆盖各类专题教育和各教材版本的学科课程资源体系,有效满足中小学生的在线学习需求。

[①] 柯清超、王朋利、张洁琪:《数字教育资源的供给模式、分类框架及发展对策》,《电化教育研究》2018 年第 3 期,第 68—74,81 页。

[②] 2022 年 3 月 28 日,教育部举行国家智慧教育公共服务平台启动仪式,该平台聚合了国家中小学智慧教育平台(https://basic. smartedu. cn/)、国家职业教育智慧教育平台、国家高等教育智慧教育平台、国家 24365 大学生就业服务平台 4 个子平台。

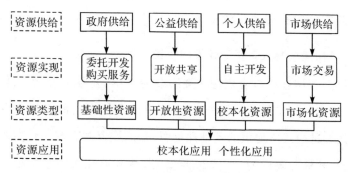

图 7-5　在线教育资源供给模式

对于中小学师生而言,优质免费在线教育资源供给既是现在和未来在线教育的刚需,又是在线教育质量保障的前提。国家层面应建立政府主导、企业和地方教育行政部门协同的在线教育资源供给关系(见图 7-6),它们共同为在线教育资源公共服务平台提供对应服务,最终服务于学校和师生;同时,国家应加快构建"基础性资源靠政策、个性化资源靠市场"的资源建设机制和"企业竞争提供、政府评估准入、学校自主选择"的在线教育资源供给机制,坚持政府供给、市场供给和个人供给并举的原则,不断加大免费优质线上资源供给,为中小学生在线学习提供形式多样的个性化、优质化在线教育资源。①

---

① 柯清超、王朋利、张洁琪:《数字教育资源的供给模式、分类框架及发展对策》,《电化教育研究》2018 年第 3 期,第 68—74、81 页。

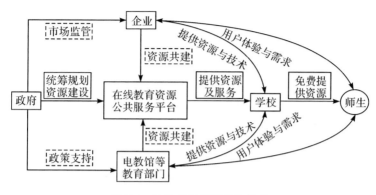

图 7-6　在线教育资源供给关系

（二）健全政府购买教育服务机制

目前,国家对在线教育资源建设的参与度还是很高的,教育部推出
的国家中小学网络云平台和中国教育电视台空中课堂就是很好的例
证。但在线教育的最终目的是优质教育资源配置的最优化,实现教育
相对公平,仅依靠国家是不行的,需要健全政府购买教育服务机制和在
线教育行业扶持机制,完善监管机制,通过优化政策环境,建立数字教
育资源共建共享机制,以及完善利益分配机制、知识产权保护制度和新
型教育服务监管制度等手段,充分发挥政府和市场两方面的作用,创新
教育服务业态。一方面,要把国家中小学网络云平台建设成为真正意
义上的国家在线教育资源公共服务平台;同时,构建覆盖全国的数字教
育资源公共服务体系,逐步使农村地区、边远地区、贫困地区和少数民
族地区的学校都能享受到优质的教育资源服务,使中小学在线教育的
常态化应用有完善的平台和托底的资源支持。2022 年 3 月,国家中小
学智慧教育平台(国家中小学网络云平台升级版)上线试运行,在丰富

原有专题教育和课程教学资源的基础上,新增课后服务、教师研修、家庭教育 4 类资源,成为助推基础教育现代化的重要驱动和有力支撑。另一方面,要加强在线教育行业与地方教育行政部门、学校的通力合作,充分发挥企业和社会组织参与建设优质在线学习教育平台和在线教育资源的积极性,精准推送定制化的教育服务,在开发在线教育资源时充分考虑学生的年龄阶段、个性、学习习惯和认知能力等特征,针对不同的学生群体开发提供不同的教育资源,从而为学校提供个性化、体系化和校本化的在线教育服务。"双减"落地后对学校课后服务提出了新的需求,素质类课程资源缺乏,有必要利用好优质的社会教育资源,建立校外在线教育机构公共服务购买机制。另外,地方教育行政部门要做好在线教育资源的整合、梳理和遴选工作,精心遴选和推荐适合学生的优质资源,切实减轻学校收集和整合资源的负担。如为促进优质教育资源全市共享,北京东城区通过多种渠道建设和汇聚优质数字教育资源,完善区域优质数字资源目录,加强数字教育资源在教育教学中的深度应用,于 2019 年公布了优质教育教学资源目录,在市教育资源共享平台上开放。①

六、在线教育质量评估机制

(一)建立第三方在线教育评估机构

重视在线教育质量评估,探索质量评价标准和评价体系,建立第三

---

① 李冀红、万青青、陆晓静、杨澜、曾海军:《面向现代化的教育信息化发展方向与建议——〈中国教育现代化 2035〉引发的政策思考》,《中国远程教育》2021 年第 4 期,第 21—30 页。

方在线教育评估机构,构建在线教育质量动态监测评估机制,施行第三方教育评估服务。第三方在线教育评估机构需独立于政府和学校之外,对在线教育机构所提供的师资、课程体系、在线学习平台、项目等进行评估。第三方在线教育评估机构是经政府认可的社会中介组织,具有合法性、独立性、专业性和权威性,其主体由行业协会或非官方的组织建立,或由政府主导或授权建立。

(二)健全在线教育应用评估机制

在美国的在线教育实践中,每年都有评估咨询公司对在线教学团队和在线教学绩效进行评估,如佛罗里达州"FLVS评估计划"主要针对教学人员、支持人员和行政管理人员进行评估。另外,为确保K-12学生在线课程学习的质量,美国各州教育局主要抓住课程开始前、课程学习过程中和课程结束时3个关键点,实施在线课程认证、监督学生在线学习日常表现、结课后对学生进行测试评估。课程开始前,在线课程供应商的课程资源和服务要想进入到州公立教育系统,必须经过州教育局的认证,确保符合州内学校的课程标准,确保在线课程资源和服务的质量。但经过州教育局认证的在线课程供应商并不能直接将其在线课程产品传递给学生,只能通过与公立学区签署协议,借助学区和学校提供在线课程产品。签订协议后,学区负责监督和报告学生在线学习情况,确保其学生充分参与学习。参照美国经验,我国可从在线课程、在线教学环境、在线教学互动和教学综合评价4个维度健全中小学在线教育应用的评估机制。

在线课程评估重点放在面向未来的学习目标、学习内容与在线教学法、在线学习环境下学习者分析、资源展示、教学技术知识和学习评价 5 个方面。在线教学环境评估包括是否创设了符合学生特征的学习预期，以及尊重和融洽的学习环境或学习空间，是否考虑了与利益相关者定期沟通的方式方法。在线教学互动评估包括内容讲解、教学策略应用、提问和讨论、评价技术应用等方面，同时综合考虑教师绩效评估的其他指标，如反思性实践、专业成长、与利益相关者的沟通质量、教师的整体专业性等。在线学习绩效评估主要是建设完善教学综合评价系统，形成学生学习全过程的动态监测数据，实现即时自动生成分析报告，精准评估学习绩效，提升在线教学服务供给与学习需求的匹配度。通过建立和普及教育质量评估和监测系统，开发智能化评价工具，让家长、学生、团体等更多主体介入在线教育评价，有效开展互动性评价，保障评价结果的科学性和有效性。

参考文献

一、图书

[1] 杨成宁.在线教育的运营与发展研究[M].上海:上海交通大学出版社,2021.

[2] 陈丽.在线教育原理[M].北京:北京师范大学出版社,2021.

[3] 白滨.在线教育的路径选择与质量保障[M].北京:高等教育出版社,2019.

[4] 沈欣忆,陈丽.我国高等远程教育质量保证标准研究[M].北京:北京师范大学出版社,2016.

[5] 杨立军.现代远程教育研究:质量保证与风险防范[M].西安:西安交通大学出版社,2016.

[6] 莱斯利·莫勒,杰森·B.休特.无限制的学习:下一代远程教育[M].王为杰,译.上海:华东师范大学出版,2014.

[7] 郭青春.国际远程开放教育质量标准比较研究[M].北京:中央广播电视大学出版社,2014.

[8] 张进宝,张晓英,赵建华,等.国际教育信息化发展报告 2013—2014[M].北京:北京师范大学出版社,2014.

[9] 陈斌.现代远程教育质量评价研究[M].广州:世界图书出版公

司,2011.

[10] 丁兴富.远程教育研究[M].北京:首都师范大学出版社,2002.

二、期刊

[1] 高振,娄方园,王书瑶,等.新基建背景下在线教育现状及治理策略研究[J].中国成人教育,2022(2):26-33.

[2] 胡艳芬.美国 K-12 在线教学质量标准的建设与演变逻辑[J].教育导刊,2022(2):90-96.

[3] 柯清超,鲍婷婷,林健."双减"背景下数字教育资源的供给与服务创新[J].中国电化教育,2022(1):17-23.

[4] 佟悦,罗国芬."双减"背景下在线教育发展标准化建设[J].教育评论,2021(12):82-86.

[5] 王娟,郑浩,高振,等."双减"背景下在线教育智慧治理框架构建与实践路径[J].中国电化教育,2022(2):38-46.

[6] 于川,杨丽乐."双减"政策背景下教师工作负担的风险分析及其化解[J].当代教育论坛,2022(1):87-96.

[7] 白雪梅,尹欢欢,顾小清.谁会成为在线学习的赢家:K-12 学生在线自我调节学习能力及其影响[J].中国远程教育,2021(3):36-44,75,77.

[8] 陈丽,徐亚倩."互联网＋教育"研究的十大学术新命题[J].电化教育研究,2021(11):5-12.

[9] 陈明选,李兰.我国数字教育平台资源配置与服务:问题与对策[J].中国远程教育,2021(1):17-26,77.

[10] 董玉琦,毕景刚,钱松岭,等.基础教育信息化发展的问题审视与战略调整[J].开放教育研究,2021(4):50-58.

[11] 付道明,朱龙,麦子号.从技术应用迈向知识创造:广东省中小学教师在线教学现状及能力提升策略[J].中国教育信息化,2021(22):54-58,63.

[12] 郭利明,郑勤华.互联网推动教育服务供给变革:需求变化、转型方向与发展路径[J].中国远程教育,2021(12):21-27.

[13] 郝建江,巩江源.系统动力学视角下的在线教育应急管理机制[J].现代教育技术,2021(2):58-64.

[14] 侯春笑,田爱丽.后疫情时代在线教育的公众关注与反思:基于知乎、微博平台话语的扎根分析[J].电化教育研究,2021(6):60-66.

[15] 胡小勇,曹宇星,宋宇,等.“三个课堂”促进新时代教育公平发展的研究[J].中国电化教育,2021(10):1-7.

[16] 胡艺龄,聂静,顾小清.从机会公平走向发展公平:疫情之下我国中小学大规模在线教育的城乡对比分析[J].中国远程教育,2021(5):13-21,76-77.

[17] 黄荣怀,虎莹,刘梦彧,等.在线学习的七个事实:基于超大规模在线教育的启示[J].现代远程教育研究,2021(3):3-11.

[18] 柯清超,林健,马秀芳,等.教育新基建时代数字教育资源的建设方向与发展路径[J].电化教育研究,2021(11):48-54.

[19] 李冀红,万青青,陆晓静,等.面向现代化的教育信息化发展方向与建议:《中国教育现代化2035》引发的政策思考[J].中国远程教育,2021(4):21-30.

[20] 李芒,葛楠.中小学在线教育病灶与治理[J].开放教育研究,2021(4):41-49.

[21] 李世瑾,胡艺龄,顾小清.如何走出人工智能教育风险的困局:现象、成因及应对[J].电化教育研究,2021(7):19-25.

[22] 李学书,孙传远.在线教育治理:从野蛮生长到规范发展[J].河北师范大学学报(教育科学版),2021(5):80-87.

[23] 刘革平,王星,高楠,等.从虚拟现实到元宇宙:在线教育的新方向[J].现代远程教育研究,2021(6):12-22.

[24] 刘童.美国在线教育质量国家标准的建立、内容及特征[J].教育导刊,2021(1):88-96.

[25] 刘永泉,孟凡丽,魏炜.在线教育助推义务教育优质均衡发展的价值意蕴及作用机理[J].中国电化教育,2021(10):86-90,119.

[26] 聂竹明,施羽晗."互联网＋"促进教育精准扶贫:问题、方向与路径[J].电化教育研究,2021(12):48-54.

[27] 孙妍妍,吴雪琦,王超,等.中小学教师信息化教学能力调研[J].开放教育研究,2021(1):84-93.

[28] 唐雪萍,陈丽.新冠肺炎疫情期间公众对中小学在线教学的认识情况分析[J].中国远程教育,2021(12):53-62.

[29] 王娟,郑浩,李巍,等.智能时代的在线教育治理:内涵、困境与突破[J].电化教育研究,2021(7):54-60.

[30] 杨小敏,阳科峰,张艳荣."双减"政策有效落实的潜在困境与应对策略:兼论公共在线教育服务体系建设[J].四川师范大学学报(社会科学版),2021(6):53-61.

[31] 薛二勇,傅王倩,李健.论在线教育发展的公平问题[J].中国电化教育,2021(3):1-7,70.

[32] 佚名.国内首个 K-12 在线教育团标正式发布[J].中国标准化,2021(11):38-39.

[33] 袁磊,雷敏,张淑鑫,等.把脉"双减"政策,构建在线教育信息安全体系[J].现代远程教育研究,2021(5):3-13,25.

[34] 张铭凯.超越傲慢与偏见:信息技术时代的课程慎思与技术自觉[J].电化教育研究,2021(7):5-11.

[35] 郑珊,周海银.不确定视域下的教育风险及其规避[J].教学与管理(理论版),2021(11):12-15.

[36] 祝智庭,林梓柔,闫寒冰.新基建赋能新型教育公共服务平台构建:从资源平台向智慧云校演化[J].电化教育研究,2021(10):31-39.

[37] 杨小敏,阳科峰,张艳荣."双减"政策有效落实的潜在困境与应对策略:兼论公共在线教育服务体系建设[J].四川师范大学学报(社会科学版),2021(6):53-61.

[38] 赵宏,蒋菲,汤学黎,等.在线教育:数字鸿沟还是数字机遇?——基于疫情期间在线学习城乡差异分析[J].开放教育研究,2021(2):62-68.

[39] 赵磊磊,张黎,代蕊华.教育人工智能伦理:基本向度与风险消解[J].现代远距离教育,2021(5):73-80.

[40] 陈明选,冯雪晴.我国数字教育资源供给现状与优化策略[J].电化教育研究,2020(6):46-52.

[41] 陈琪.美国中小学在线教育的两大主题:个性化与公平[J].现代中

小学教育,2020(3):90-96.

[42] 陈然,张晓,唐荣.我国开放大学在线课程质量评价研究:来自美国 Quality Matters 的启示[J].成人教育,2020(2):27-32.

[43] 陈晓慧.建构在线教育理论的时代呼唤[J].中国电化教育,2020 (8):22-26.

[44] 郭文革.在线教育研究的真问题究竟是什么:"苏格拉底陷阱"及其超越[J].教育研究,2020(9):146-155.

[45] 胡钦太.促进在线教育健康良性发展的多维审视[J].教育研究, 2020(8):26-30.

[46] 胡钦太,刘丽清,丁娜.教育公平视域中在线教育的困境与出路 [J].中国电化教育,2020(8):14-21.

[47] 胡小勇,徐欢云,陈泽璇.学习者信息素养、在线学习投入及学习绩效关系的实证研究[J].中国电化教育,2020(3):77-84.

[48] 胡小勇,许婷,曹宇星,等.信息化促进新时代基础教育公平理论研究:内涵、路径与策略[J].电化教育研究,2020(9):34-40.

[49] 倪娟.从"遇见"到"预见":教育重大决策风险的"中国之治"[J].教育研究与实验,2020(5):34-40.

[50] 倪娟.教育领域风险点:类型、后果、成因与防范[J].教育发展研究,2020(9):1-7.

[51] 钱玲,徐辉富.美国在线教育发展动态与走向:CHLOE 4 的要点与反思[J].开放教育研究,2020(4):24-36.

[52] 王冬冬,王怀波,张伟,等."停课不停学"时期的在线教学研究:基于全国范围内的 33240 份网络问卷调研[J].现代教育技术,2020

(3):12-18.

[53] 王默,王敏娟.中美比较视角下在线教育的挑战与方法[J].教育研究,2020(8):35-39.

[54] 杨斌.重器与众器:在线教育中的伦理思考[J].中国大学教学,2020(11):9-10,58.

[55] 杨天啸,雷静.在线教育的理论基础与发展趋势[J].教育研究,2020(8):30-35.

[56] 张挺.包容审慎视角下校外在线教育平台的法律监管[J].中国电化教育,2020(2):83-88.

[57] 郑旭东,万昆.规模化 K-12 在线教学中家校合作的实施逻辑、内容与建议[J].中国电化教育,2020(4):16-21.

[58] 周蕾,赵中建.美国 K-12 阶段在线教育质量全国标准评析[J].开放教育研究,2020(2):53-62.

[59] 朱永海,龚雨秋,徐莹莹.后疫情时代中小学在线教育常态化应用的整体推进路径:基于美国 K-12 在线教育的经验[J].现代教育技术,2020(11):120-126.

[60] 程美,欧阳波仪.基于学习者智慧生成的微课评价指标体系构建[J].中国教育信息化,2019(19):15-19.

[61] 潘晓彦,蒋家琼,莫兰,等.美国"QM 质量标准"与我国"精品在线开放课程"评价指标体系比较研究[J].湖南师范大学教育科学学报,2019(3):105-110.

[62] 钱玲,徐辉富,郭伟.美国在线教育:实践、影响与趋势——CHLOE3 报告的要点与思考[J].开放教育研究,2019(3):10-21.

［63］王文静,赵晓晨,解会欣,等.国外数字教育游戏评价研究新进展
　　 ［J］.比较教育研究,2019(3):101-108.

［64］徐欢云,胡小勇.信息化促进基础教育公平:图景、焦点与走向［J］.
　　 现代远距离教育,2019(6):29-34.

［65］杨晓宏,周海军,周效章,等.国内在线课程质量认定研究述评［J］.
　　 电化教育研究,2019(6):50-57.

［66］陈丽,沈欣忆,万芳怡,等."互联网＋"时代的远程教育质量观定位
　　 ［J］.中国电化教育,2018(1):15-21.

［67］柯清超,王朋利,张洁琪.数字教育资源的供给模式、分类框架及发
　　 展对策［J］.电化教育研究,2018(3):68-74,81.

［68］柯清超,赵培培,吕晓红.数字教育资源服务的内涵及其发展［J］.
　　 中国教育信息化,2018(7):51-55.

［69］林协民,兰瑞乐,韦书令,等.中美 K-12 在线教育比较研究［J］.中
　　 国教育信息化,2018(21):18-22.

［70］钱玲,赵燕燕.以教师专业发展为核心的网络课程质量保证体系:
　　 美国 Quality Matters 核心竞争力及启示［J］.开放教育研究,2018
　　 (5):30-38,72.

［71］朱之文.全面落实立德树人　大力推进基础教育公平优质发展
　　 ［J］.中国教育学刊,2018(11):1-7.

［72］张立新,秦丹.分布式认知视角下个人网络学习空间中有效学习的
　　 保障路径研究［J］.电化教育研究,2018(1):55-60.

［73］陈松云,何高大.新技术推动下的学习愿景和作用:2017《美国国家
　　 教育技术计划》及启示［J］.远程教育杂志,2017(6):21-30.

[74] 方圆媛.美国佛罗里达州 K-12 在线课程发展现状研究[J].现代教育技术,2017(8):80-87.

[75] 梁林梅,赵柯杉.美国 K-12 在线教育:现状、系统结构与政策分析[J].中国电化教育,2017(11):65-71.

[76] 刘文辉,王艺亭,赵敏,等.教育游戏评价指标的设计与开发[J].开放教育研究,2017(2):111-120.

[77] 郭绍青,张进良,贺相春.美国 K-12 开放教育资源:政策、项目与启示[J].电化教育研究,2016(7):122-128.

[78] 李鹏鸽,左玉,刘志荣,等.微课评价指标体系的构建与实施[J].教学与管理,2016(16):74-76.

[79] 王正青.大数据时代美国学生数据隐私保护立法与治理体系[J].比较教育研究,2016(11):28-33.

[80] 赵建华,蒋银健,姚鹏阁,等.为未来做准备的学习:重塑技术在教育中的角色——美国国家教育技术规划(NETP2016)解读[J].现代远程教育研究,2016(2):3-17.

[81] 黄立冬.中国 K-12 在线教育的发展机遇与对策分析[J].中国信息技术教育,2015(19):95-97.

[82] 琳达·哈拉西姆,肖俊洪.协作学习理论与实践:在线教育质量的根本保证[J].中国远程教育,2015(8):5-16,79.

[83] 刘晓琳,胡永斌,黄荣怀,等.全球视野下美国 K-12 混合与在线教育的现状与未来:与 K-12 在线教育国际联盟副主席艾雷森·鲍威尔博士的学术对话[J].现代远程教育研究,2015(1):3-11.

[84] 田晓伟.政府购买在线教育服务产品:教育治理现代化的探索[J].

教育发展研究,2015(19):78-84.

[85] 王岚,张一春.微课的评价指标体系研究[J].教育现代化,2015(3):85-88.

[86] 管佳,李奇涛.中国在线教育发展现状、趋势及经验借鉴[J].中国电化教育,2014(8):62-66.

[87] 刘翠航.美国中小学数字化发展趋势述评[J].课程.教材.教法,2014(9):120-125.

[88] 沈欣忆,杨利润,陈丽.国家层面的远程教育质量保证政策体系框架研究[J].电化教育研究,2014(6):78-84,120.

[89] 王志军,陈丽.联通主义学习理论及其最新进展[J].开放教育研究,2014(5):11-28.

[90] 何克抗.关于《美国2010国家教育技术计划》的学习与思考[J].电化教育研究,2011(4):8-23.

[91] 阮士桂,郑燕林.美国国家教育技术规划的沿革及启示[J].现代教育技术,2011(12):38-42.

[92] 王鹏,王秋芳.国家精品课程评审指标体系的变化研究[J].现代教育科学,2010(1):90-92.

[93] 张伟,陈琳,丁彦.移动学习时代的学习观:基于分布式认知论的视点[J].中国电化教育,2010(4):21-25.

[94] 韩晓燕,张彦通.远程教育质量保证研究综述[J].远程教育杂志,2004(5):26-29.

[95] 陈刚,张建伟,李海霞.高校网络课程实施质量的评价标准[J].清华大学教育研究,2003(5):97-102.

[96] 余胜泉.国外网络教育的评价标准[J].中国远程教育(综合版),2003(8):23-25.

三、学位论文

[1] 张淑珍.在线教育如何影响义务教育质量:基于上海市 S 区多校的比较[D].上海:华东政法大学,2021.

[2] 杨迪.美国 K-12 阶段《在线教育质量标准》研究[D].武汉:华中师范大学,2021.

[3] 韩静.我国中小学校外营利性在线教育政府监管研究[D].石家庄:河北师范大学,2021.

[4] 牛丹桂.在线教育的政府监管问题研究[D].郑州:郑州大学,2021.

[5] 王丹.基础教育阶段在线教育发展的局限和对策[D].长春:吉林大学,2020.

[6] 努尔古丽.技术哲学视角下对在线教育的思考[D].北京:中央民族大学,2020.

[7] 姜逸雯.公共在线教育促进中小学教育机会均等问题研究[D].上海:华东政法大学,2019.

[8] 马志丽.中小学校外在线教育的现状及教学模式研究[D].北京:北京邮电大学,2019.

[9] 张梦冉.美国 K-12 在线教育的运营模式研究[D].金华:浙江师范大学,2018.

[10] 邹帆.中国 K-12 在线教育的盈利模式研究[D].南昌:江西师范大学,2018.

[11] 卞延竹.基于在线教育平台的美国中小学个性化学习探究[D].西安:西安外国语大学,2018.

[12] 高哲.中小学在线教育企业竞争策略研究[D].杭州:浙江工业大学,2018.

[13] 李飞.美国佛罗里达州 K-12 在线学习的支持主体研究[D].重庆:西南大学,2017.

[14] 孔仕强.在线教育对教育公平影响机制及局限性研究[D].北京:清华大学,2016.

[15] 陆丰.中小学在线教育现状与趋势研究[D].南昌:江西师范大学,2015.

[16] 乐玉玲.基于网络课程评价规范(CELTS-22.1)的网络课程的设计与开发[D].武汉:华中师范大学,2005.

四、电子文献

[1] 中国教育与社会发展研究院.全国"双减"成效调查报告[EB/OL].(2022-03-02)[2022-06-05].https://mp.weixin.qq.com/s/5aSM1npWsMRIy3562QIf0g.

[2] 教育部办公厅.教育部办公厅关于成立校外教育培训监管司的通知[EB/OL].(2021-08-22)[2022-06-05].http://www.moe.gov.cn/srcsite/A04/s7051/202106/t20210615_538134.html.

[3] 新华网.(受权发布)中华人民共和国个人信息保护法[EB/OL].(2021-08-20)[2022-06-05].http://www.xinhuanet.com/politics/2021-08/20/c_1127781552.htm.

［4］中共中央办公厅,国务院办公厅.关于进一步减轻义务教育阶段学生作业负担和校外培训负担的意见［EB/OL］.（2021-07-24）［2022-06-05］.http://www.moe.gov.cn/jyb_xxgk/moe_1777/moe_1778/202107/t20210724_546576.html.

［5］教育部.关于推进教育新型基础设施建设构建高质量教育支撑体系的指导意见［EB/OL］.（2021-07-08）［2022-06-05］.http://www.moe.gov.cn/srcsite/A16/s3342/202107/t20210720_545783.html.

［6］教育部.关于深入推进义务教育薄弱环节改善与能力提升工作的意见［EB/OL］.（2021-06-25）［2022-06-05］.http://www.moe.gov.cn/srcsite/A05/s7052/202106/t20210630_541230.html.

［7］钱小龙,时文雅.构建国家在线教育体系服务全民终身学习［EB/OL］.（2021-05-17）［2022-06-05］.http://www.cssn.cn/zx/bwyc/202105/t20210517_5333696.shtml.

［8］《K12在线教育服务与评价》团体标准发布［EB/OL］.（2021-05-17）［2022-06-05］.https://baijiahao.baidu.com/s?id=1698469668325285643&wfr=spider&for=pc.

［9］唐亮.加强在线教育行业治理［EB/OL］.（2021-05-17）［2022-06-05］.http://www.cssn.cn/zx/bwyc/202105/t20210517_5333695.shtml.

［10］教育部.教育部关于加强新时代教育管理信息化工作的通知［EB/OL］.（2021-03-15）［2022-06-05］.http://www.moe.gov.cn/srcsite/A16/s3342/202103/t20210322_521669.html.

［11］教育部.关于大力加强中小学线上教育教学资源建设与应用的意见［EB/OL］.（2021-02-08）［2022-06-05］.http://www.moe.gov.

cn/srcsite/A06/s3325/202102/t20210207_512888. html.

[12] 教育部. 教育部办公厅关于加强中小学生手机管理工作的通知 [EB/OL]. (2021-01-18) [2022-06-05]. http://www. moe. gov. cn/srcsite/A06/s7053/202101/t20210126_511120. html.

[13] 教育部. 深化新时代教育评价改革总体方案[EB/OL]. (2020-10-13) [2022-06-05]. http://www. gov. cn/zhengce/2020-10/13/content_5551032. htm.

[14] 教育部. 义务教育六科超标超前培训负面清单(试行)[EB/OL]. (2020-05-09) [2022-06-05]. http://www. moe. gov. cn/srcsite/A06/s3321/202005/t20200509_451674. html.

[15] 教育部. 关于加强"三个课堂"应用的指导意见[EB/OL]. (2020-03-05) [2022-06-05]. http://www. moe. gov. cn/srcsite/A16/s3342/202003/t20200316_431659. html.

[16] 教育部. 关于促进在线教育健康发展的指导意见[EB/OL]. (2019-09-30) [2022-06-05]. http://www. gov. cn/xinwen/2019-09-30/content_5435416. htm.

[17] 教育部. 关于规范校外线上培训的实施意见[EB/OL]. (2019-07-15) [2022-06-05]. http://www. gov. cn/xinwen/2019-07-15/content_5409334. htm.

[18] 教育部. 关于实施全国中小学教师信息技术应用能力提升工程 2.0 的意见[EB/OL]. (2019-04-02)[2022-06-05]. http://www. moe. gov. cn/srcsite/A10/s7034/201904/t20190402 _ 376493. html.

[19] 国务院.中国教育现代化 2035[EB/OL].(2019-02-23)[2022-06-05]. http://www. moe. gov. cn/jyb_xwfb/s6052/moe_838/201902/t20190223_370857. html.

[20] 信息技术 学习、教育和培训 在线课程[S/OL].(2018-09-17)[2022-06-05]. http://www. gb688. cn/bzgk/gb/newGbInfo? hcno=6E3B4E826115275EA7597F610181B886.

[21] 教育部.关于开展 2018 年国家精品在线开放课程认定工作的通知[EB/OL].(2018-07-25)[2022-06-05]. http://www. moe. gov. cn/srcsite/A08/s5664/s7209/s6872/201807/t20180725_343681. html.

[22] 教育部.教育信息化 2.0 行动计划[EB/OL].(2018-04-18)[2022-06-05]. http://www. moe. gov. cn/srcsite/A16/s3342/201804/t20180425_334188. html.

[23] 教育部.关于加强高等学校在线开放课程建设应用与管理的意见[EB/OL].(2015-04-16)[2022-06-05]. http://www. moe. gov. cn/srcsite/A08/s7056/201504/t20150416_189454. html.

[24] 教育部.国家教育资源公共服务平台教育资源审查办法(暂行)[EB/OL].(2013-10-14)[2022-06-05]. http://www. moe. gov. cn/s78/A16/s5886/s5892/201310/t20131014_158327. html.

[25] 艾媒咨询.2020 中国 K-12 在线教育行业研究报告[EB/OL].(2021-01-21)[2022-06-05]. https://www. iimedia. cn/c400/76621. html.

[26] 艾媒咨询.后疫情时代中国在线教育行业研究报告[EB/OL].

（2020-07-31）［2022-06-05］. ttps：//www. iimedia. cn/c400/73148. html.

［27］艾媒报告.2019—2020 年中国 K-12 在线教育行业研究报告［EB/OL］.（2020-02-30）［2022-06-05］. https：//www. iimedia. cn/c400/70467. html.

［28］艾媒报告.2019—2020 年中国在线教育行业发展研究报告［EB/OL］.（2020-02-13）［2022-06-05］. https：//www. iimedia. cn/c400/68955. html.

［29］The national standards for quality online learning［S/OL］.（2009-10）［2022-06-05］. https：//www. nsqol. org/about/.

［30］National standards for quality online programs［S/OL］.（2019-10-09）［2022-06-05］. https：//www. nsqol. org/the-standards/quality-online-programs/.

［31］National standards for quality online courses［S/OL］.（2019-10-09）［2022-06-05］. https：//www. nsqol. org/the-standards/quality-online-courses/.

［32］National standards for quality online teaching［S/OL］.（2019-10-09）［2022-06-05］. https：//www. nsqol. org/the-standards/quality-online-teaching/.

［33］QM rubric standards［S/OL］.（2019-10-09）［2022-06-05］. https：//www. qualitymatters. org/qa-resources/rubric-standards.

［34］Quality on the line：benchmarks for success in internet-based distance education［EB/OL］.（2021-03-01）［2022-06-05］.

https：//eric. ed. gov/? id＝ED444407.

[35] GILLIS L. E-learning certification standards[S/OL]. (2020-12-05)[2022-06-05]. www. workflow. ecc-astdinstitute. org.

图表索引